U0561055

踏遍青山人未老

——"七一勋章"获得者、全国劳动模范黄宝妹

朱金大 韩兆云 主编

东华大学出版社
·上海·

书名题字	陈铁迪
主　　编	朱金大　韩兆云
副 主 编	俞妙根　俞德友　尹学尧
编委会成员	陶友之　张克权　周怀谷
	黄晓玉　朱德昌

★★★★ 授勋词 ★★★★

　　黄宝妹，新中国纺织工人的优秀代表，为实现"全国人民穿好衣"的梦想，在平凡岗位干出了不平凡业绩，坚持发光发热，是退而不休的老劳模。

修订说明

《踏遍青山人未老——"七一勋章"获得者、全国劳动模范黄宝妹》一书，在"两个一百年"奋斗目标的历史交汇期，由东华大学出版社修订出版发行。这无疑是对广大读者，尤其对黄宝妹来说是一件值得兴奋的喜事。

本书为何要修订？其理由有"三个需要"：

其一，宣传典型的需要。黄宝妹是第一代全国劳模，又是"七一勋章"获得者，是党和国家树立的学习榜样，我们有责任与义务，对黄宝妹加大宣传力度，使她成为"第二个百年"新征程奋斗中名副其实的广大党员学习的榜样。

其二，丰富本书内容的需要。从2014年至今，共产党员黄宝妹的情况有了新的变化。如她有幸两次见到习近平总书记，并获得"殊荣"——"七一勋章"等，新的变化也理应编入书中。

其三，满足更多读者的需要。《踏遍青山人未老——劳动模范黄宝妹》一书自2014年5月印刷2000册、一年后又加印了1000册，但还是供不应求。为满足广大读者的需要，本书有必要修订出版。

为了做好本书的修订工作，我们着力抓好以下几个方面的工作。

一、举行三次编委会会议，研究和讨论本书的修订工作。第一次：主要讨论通过了本书的方案，组建三人工作小组负责修订事宜。第二次：由东华大学出版社编辑参加，认真具体地研究了本书有关文章的取舍与增补，以及照片调整等事宜。第三次：商定本书修订后的统稿、定稿事宜，主要集中增补的文章及有关照片增补编入书中。然后定稿，交出版社审阅校编后打印"清样"，我们进行全书内容再校对，最后由出版社付印出版。

二、加强本书的编辑力量。为提高本书的质量，我们又邀请了有关报刊的资深编辑、记者为编委会成员，同我们一起参加编辑、审阅、撰写增补稿，进而使本书的质量精益求精。

三、落实增补文章的作者。我们删掉了原稿中一些内容，并增补了一些新内容，如"序二"，增补了"修订说明"。每个部分都明确落实了作者和任务，确保本书出版。

四、选编新近发表的文章充实"附件"。在原稿的"附件"中保留了《人民日报》等报刊刊登黄宝妹的文章外，我们又精选了《解放日报》《文汇报》和《企业与法》等报刊，将黄宝妹荣获"七一勋章"前后刊发的六篇报道编入"附件"。

五、展示黄宝妹的简历风采。我们还将黄宝妹两次见到习近平总书记和荣获"七一勋章"的光荣史增编入"黄宝妹同志的简历"。

《踏遍青山人未老——"七一勋章"获得者、全国劳动模范黄宝妹》一书的出版，她的价值与意义，远远不止于一本书。

在这里，特别感谢东华大学的领导鼎力支持本书的出版和东华大学出版社周德红总编给予的热情鼓励与具体指导。最后，我们还要鸣谢支持《踏遍青山人未老——"七一勋章"获得者、全国劳动模范黄宝妹》一书的有关领导和朋友们。

编　者
2021 年 12 月 12 日

目　录

题　词
序　一
序　二
自　述
北京授勋感怀

第一章　苦难的童年　001

　　贫困的家庭　002
　　踏进纱厂门　005
　　童工遭虐待　007
　　苦练接纱头　008
　　参与闹风潮　009
　　结婚为安定　011

第二章　翻身做主人　013

　　虚心学习　努力创新　014
　　互相学习　共同进步　018
　　先人后己　见利就让　020
　　珍惜荣誉　不怕辛苦　022
　　扩大视野　内心自豪　026
　　生产劳动能手　生活丰富多彩　030

第三章　无合同的徒弟　033

既是师父　又是徒弟　035
善于交流　注意总结　036
严师出高徒　爱徒遍天下　038
教得细心耐心　学得认真起劲　040

第四章　多次见到毛主席　045

第一次见到毛主席　046
聆听毛主席的教导　047
坐在毛主席的身边　049
难忘毛主席的恩情　049

第五章　拍电影的故事　051

一位导演亲自上门面试　052
一部影片成功的秘密　055
一位影评家的评论　057
一次未成的"弃工从影"　059
一次美好的回忆和重逢　060
一个难忘的日子　061

第六章　从文盲到大学生　065

新的征途　纺织女工进高校　066
攻克难关　打破砂锅问到底　068
破"困难户"　一门心思读好书　071
如虎添翼　技术管理有作为　073

第七章　夕阳红最美　075

不计报酬　帮助启东办厂　076
不图虚名　为劳模办实事　078
不改本色　精神不减当年　080

不忘友情　给姐妹送温暖　082
　　不怕挑刺　创建"劳模之家"　084
　　不贪享受　一辈子做好事　085

第八章　晚年的幸福生活　091

　　健康是生活快乐的保证　092
　　四代同堂靠的是相互理解　093
　　六十多年的钻石之婚　095
　　尊老爱幼　和睦相处　097
　　兄弟姐妹　手足情深　099
　　婆媳和睦　家庭幸福　099

附　件　黄宝妹的文章和事迹报道节选　103

　　附件1　黄宝妹同志的简历　104
　　附件2　终生难忘　112
　　附件3　先进女工黄宝妹　114
　　附件4　做一个敢于创造的人　117
　　附件5　我的大学生活　119
　　附件6　在工会扶植下成长　121
　　附件7　在团的培养下成长　123
　　附件8　黄宝妹：第一代纺织女劳模　127
　　附件9　黄宝妹的徒弟谈黄宝妹　130
　　附件10　践行总书记嘱托，不负老同志
　　　　　　使命　134
　　附件11　为人民服务，共产党员不退休　140
　　附件12　"七一勋章"获得者黄宝妹：为
　　　　　　人民服务，党员是不退休的　145
　　附件13　在平凡之中彰显精神之力　151

踏遍青山人未老
——劳动模范黄宝妹

陈铁迪 题

广大妇女要像黄宝妹一样,以更加昂扬的姿态,努力创建无愧于伟大时代的新业绩。

关建

2013年11月12日

踏遍青山人未老
——"七一勋章"获得者、全国劳动模范 黄宝妹

老而不息执着追梦
黄宝妹人生正能量
令人敬仰。

甲午年正月　朱远峰

黄宝妹同志

纺织能手

青年楷模

张浩波

二〇〇六

> 学习黄宝妹，为实现中国梦而奋斗
>
> 毛信宝
> 二〇一〇年元月

序 一

喜读《踏遍青山人未老——劳动模范黄宝妹》的初稿，勾起了我许多美好的回忆，使我更加想念纺织工业战线上的姐妹们，更加想念纺织工业战线上的劳动模范们，黄宝妹就是其中的一员。黄宝妹和我是同行，都是在纺织厂细纱车间的一名挡车女工；黄宝妹和我又是同学，都是华东纺织工学院（现东华大学）干部班学生。后来，我的工作岗位发生了变化，先是在纺织工业部，后来又调到国家计委、全国政协工作。但是不论在哪里，我对纺织工业的发展都是非常关注的。

中华人民共和国成立以来，在党和政府的领导下，几百万纺织工人艰苦奋斗，努力工作，为社会主义建设作出了巨大贡献，并且涌现了一大批先进人物和劳动模范。他们在各自的岗位上进行了创造性劳动，在平凡的岗位上作出了不平凡的贡献，《踏遍青山人未老——劳动模范黄宝妹》一书从一个侧面反映了劳动模范们的精神面貌。

读了《踏遍青山人未老——劳动模范黄宝妹》一书，我认为黄宝妹同志有三个特点：

一是刻苦学习，掌握本领。人民创造历史，劳动创造未来。黄宝妹同志拥有一手细纱挡车工的本领，这个本领是在长期劳动实践中练就出来的。解放前，她是为了一家生活，逼得她要好好做工，否则就会被开除，无法生活。解放后，她努力工作，好好生产，是为报答党和国家的恩情。当她成为光荣的共产党员后，这一身份进一步焕发了她的主观能动性，她努力工作，为共产主义事业而奋斗。

二是努力创新，不断前进。常言道：师傅领进门，修行在自身。黄宝妹同志是善于学习、勤于学习的人。她谦虚地说："郝建秀是我的师傅。"但是她进"门"后没有就此停留，而是活学活用"郝建秀工作法"的创造精神。同时，黄宝妹还注意学习同行们的操作经验，并在此基础上，她大胆创新，发挥自己的创造力，进行创造性的劳动。

三是自强不息，真正人生。黄宝妹同志既平凡又不平凡的事迹，反映了她自强不息、不畏艰难的精神。劳动是财富的源泉，也是幸福的源泉。要想创造美好未来，必须辛勤劳动、创造性劳动。我们生命里一切辉煌，只有通过劳动，才能铸就。

《踏遍青山人未老——劳动模范黄宝妹》一书值得一读。此书生动而形象地反映黄宝妹同志勤勉好学、勇于创新、自强奋进的感人事迹与劳模的亮丽品格，她的这种精神值得我们大力提倡发扬，她是我们学习传承的榜样。建设中国特色社会主义的小康社会，就要树立劳动最光荣、劳动最崇高、劳动最伟大、劳动最美丽的理念，做一个释放正能量，崇尚劳动，造福人类的劳动者。为实现中国梦，实现中华民族的伟大复兴，贡献我们的智慧和力量。

（本文作者系中共第十二届中央书记处书记、政协第十届全国委员会副主席、原纺织工业部部长）

2013 年

序 二

柴俊勇

《踏遍青山人未老——"七一勋章"获得者、全国劳动模范黄宝妹》形象生动地反映了我们熟知的全国劳模黄宝妹勤勉好学、勇于创新、自强奋进,于平凡处见精神的人生故事,真实而感人。2021年,在庆祝中国共产党成立100周年之际,党中央为29位为党和人民作出杰出贡献的共产党员授予党内最高荣誉"七一勋章",其中一位获得者就是原上海国棉十七厂的纺织女工黄宝妹。此时,欣闻《踏遍青山人未老——劳动模范黄宝妹》一书时隔8年之后即将再版发行,笔者觉得这对大力宣传"七一勋章"获得者的感人事迹和崇高品德,在全社会形成崇尚先进、见贤思齐的浓厚氛围,激励广大党员、干部牢记党的初心使命,都有极其深远和重要的意义。

1956年9月15~27日,中国共产党第八次全国代表大会在北京举行。这是党在全国执政后召开的第一次全国代表大会。毛泽东同志在开幕词中开宗明义地指明大会的任务是:总结七次大会以来的经验,团结全党,团结国内外一切可能团结的力量,为了建设一个伟大的社会主义的中国而奋斗。

黄宝妹同志是党的八大代表,是多么荣光和不易。中华人民共和国成立以来,黄宝妹是全国第一批劳动模范之一,1953年、1954年连续被评为"全国纺织工业劳动模范",同时被评为"上海市劳动模范";1955年、1958年被评为全国青年社会主义建设积极分子代表,1956年、1959年被评为全国劳动模范,出席全国群英会。全国有许多劳动模范,为何黄宝妹同志能获得"七一勋章"?笔者领悟其中最重要一项标准,就是劳动模范始终没有离开劳动一线。黄宝妹12岁进入上海第十七棉纺厂的前身--日资裕丰纱厂当童工,中华人民共和国成立后,她成为一名纺纱女工。为了多纺纱,她不断探索实践技术革新,大大提高了生产效率,带领的三纺细纱车间被评为"上海市劳动模范集体",所在的国棉十七厂向国家贡献了大量棉布。黄宝妹一直在车间工作了42年,直到1987年光荣退休,至今有35个年头,但她退而不休,干练敏捷,劳模风采,丝毫不减，雄心犹在，为他人服务，为实现人生愿望谱写着一首美丽的晚霞歌曲。"人的一生只有三天"，在众多荣誉面前，黄宝妹说，昨天已经过去，今天正在缩短，只有明天正在向我们招手。她要用退而不休、冲刺的精神拥抱明天，继续奋进在追梦的大道上，为党和人民作出最后一点微薄的贡献。由此足见，黄宝妹无愧为一个好样的中国女性、一位与时俱进的劳动模范，一名优秀的共产党员。

黄宝妹同志始终没有忘记为人民服务的初心。1952年，21岁的黄宝妹光荣地加入了中国共产党，从那时起，她就下定决心，一辈子要为人民服务。生在旧社会的黄宝妹深知被欺压、被剥削的苦，中国共产党领导的新社会，人民互相帮助、相互关心，工人当家做主人，不再受到压迫，社会安定，人民生活水平不断提升。黄宝妹始终牢记毛泽东主席勉励她的话："纺织工人光荣，让全国人民有衣穿，责任很重大。"1958年，一部由黄宝妹本人主演的电影《黄宝妹》上映了，在全国引起震动。当时，有人问她，是不是可以考虑当演员，但黄宝妹果断放弃了可能成为明星的这条路，决心一辈子就只做一件事，就是要"为全国人民穿好衣"这个目标奋斗。黄宝妹同志不忘初心，发挥余热，成为上海市"百老德育讲师团"的创始成员，她走进机关、校园、工厂、小区，为大家开展党史学习教育。她说："纺织工人可以退休，但党员是不退休的，我一辈子都要为党工作。"毛泽东同志曾说，一个人做一件好事并不难，难的是一辈子做好事，做有益于人民的人。黄宝妹同志做到了。

笔者与黄宝妹同志接触、交谈中，深深地感到她身上始终保持着工人阶级的本色。习近平总书记在庆祝中国共产党成立100周年"七一勋章"颁授仪式上的讲话中指出，"七一勋章"获得者都是来自人民、植根人民，是立足本职、默默奉献的平凡英雄。他们的事迹可学可做，他们的精神可追可及。他们用行动证明，只要坚定理想信念、坚定奋斗意志、坚定恒心韧劲，平常时候看得出来、关键时刻站得出来、危难关头豁得出来，每名党员都能够在民族复兴的伟业中为党和人民建功立业！

能为《踏遍青山人未老——"七一勋章"获得者、全国劳动模范黄宝妹》出版书作序是笔者的荣幸。

（作者系上海市人民政府原副秘书长、国家行政学院兼职教授）
2021年12月2日

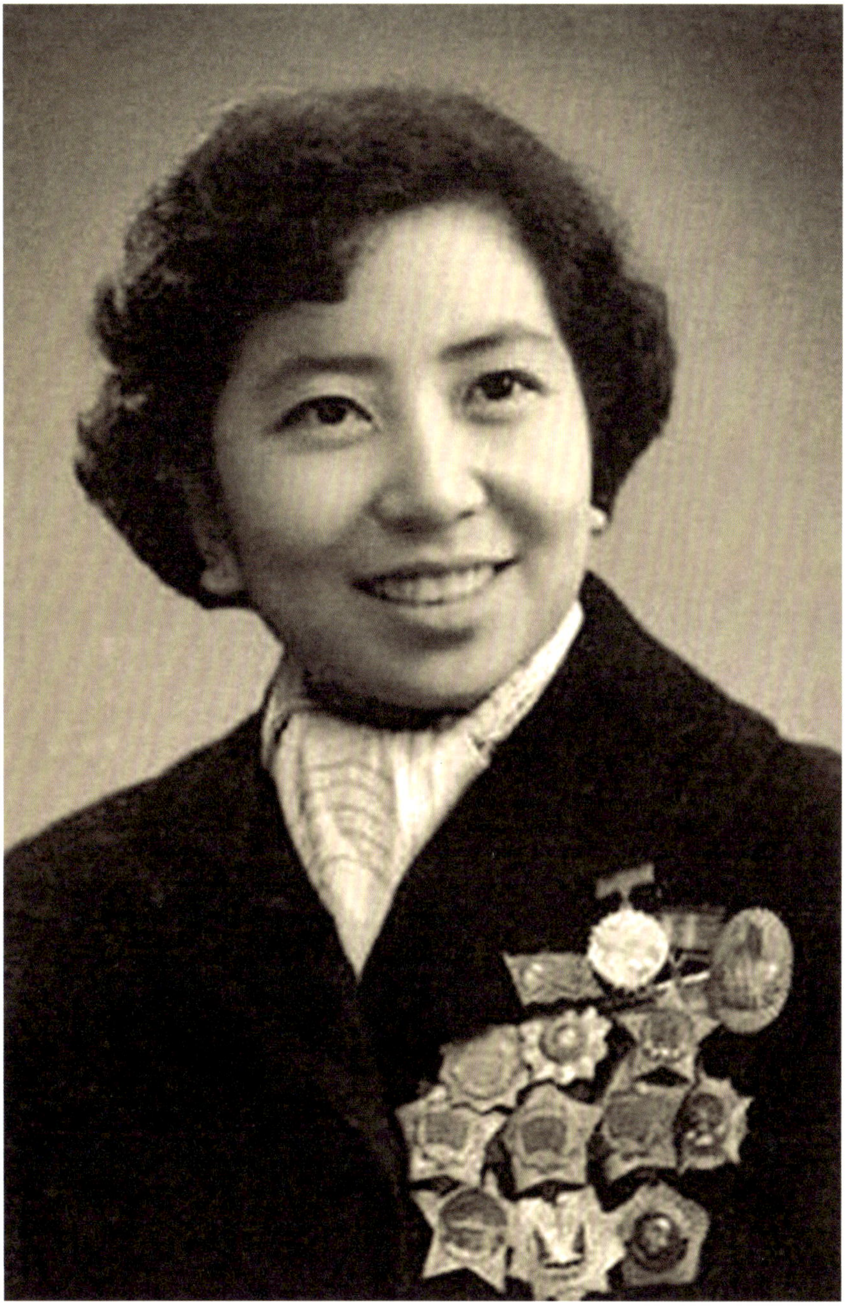

自 述

黄宝妹

我今年已经 90 多岁了，虽是耄耋之年，但我有自己的人生愿望。1987 年退休后，我退而未休，想做点事，发挥些余热，被厂领导安排支援江苏启东和合镇棉纺厂工作了两年多。后来，我又到新疆石河子市，协助农八师生产建设兵团筹建棉纺厂，为解决生产设备短缺问题四处奔波。1990 年，我又调到市劳模协会工作。1994 年与全国劳模杨富珍、裔式娟等二十几位劳模筹建成立上海英豪科技实业公司并担任董事长、总经理，带领员工创业，谋求经济效益。1997 年，我们又开始筹建劳模之家，为发展养老事业作些奉献。

近年来，在上海市杨浦区政府领导关怀下，我积极热情、真心诚意帮助和关心共创文明社区。此外，我还担任了上海市虹口区发明协会银发讲师团团长，与伙伴们一起开展宣讲工作，不辞辛劳地宣传党的优良作风和科学养生之道。人们称赞我是一个闲不住的老人。其实，从小到老我一直认为：人活着能够劳动，有事情做就活得有意义，也活得更开心、更幸福。

那么，什么是幸福？在我看来，幸福就是对事业的热爱、身体的健康、家庭的和谐、心境的平和、生活的快乐，当然也要有一定的财富……同时，幸福是一种心境、一种感觉，是人们对生活、对人生所拥有的态度。说到底，幸福不是索取，而是奉献。

对此，我有以下几点体会。

一是，幸福的根基是社会安定。幸福是在社会生活中的一种经历、感受与体会。我在旧社会，人在工厂里纺纱劳动，却遭受工头的欺压，一会儿被打，一会儿挨骂，受压迫、受剥削、受虐待，无人身自由；在社会动荡的艰苦岁月里，今天逃难，明天受灾，吃了上顿愁下顿，人们生活在黑暗的旧社会，得不到安宁，有什么幸福可言？

可是中国共产党领导的新社会，同样在原来工厂里劳动，人们互相帮助，相互关心，亲如姐妹，不再受压迫和虐待，工人当家做主人，社会安定，人们的生活水平不断提升。改革开放以来，国家的经济建设突飞猛进、迅速发展，使人们的生活更加安定，更加美满。2022 年 10 月，党的二十大胜利召开，进入新时代的十年来，国家取得了举世瞩目的成就，实现了第一个百年奋斗目标，人民群众获得感、幸福感、安全感更加充实、更有保障、更可持续。

现今有人"身在福中不知福"。在生活方面，他们向上攀比，越比越使人远离幸福。但也有人向下比，则越比越使人感到幸福快乐。我们提倡想想过去，曾经有过的不幸或痛苦，一定会更珍惜现今的幸福。有时把目光往下看，这并不是意味着满足和不思进取，而是以感恩的、知足的态度对待幸福，也是把握和珍惜幸福。我们只有常常饮水思源，才能知道自己生活在幸福中。坦诚地说：比较能不能感到幸福，主要思想是情绪上要安定，恬淡虚无，不贪欲、不攀比、不羡慕，关键是我们现今如何对待差别。当今社会出现贫富差异，影响一些人的幸福感。但我想，只要政府逐步地调整分配，就会得到各个层面人们的认可，人们的生存也会有依靠、有保障、安定且更加稳定，方能使人有幸福感。

二是幸福步步离不开他人。这是我的切身体会，我第一次当选劳模，第一次见到伟大领袖毛主席，第一次以工人身份参加党的代表大会，第一次代表青年工人出国访问时，内心感到十分幸福。而今退休后，我每参加一次活动、每做一件实事和好事时，心里总有一种快乐与幸福。我总是认为，这不是我一个人的功劳，是大家共同的劳动结晶，荣誉也是大家的，幸福也应该大家一起分享，我只不过是其中一员而已。至今，我心中还常常想起毛主席"虚心使人进步"的教诲，故每一次和劳模相聚说到毛主席的教导，大家十分喜悦、备受激励，尤其在伙伴共同帮助他人解决困难时，这是我在践行毛主席的教导。如今，每当我回忆在社会主义建设的劳动竞赛中你追我赶、攻克技术难关时，大家心里总是乐呵呵的。"红花还需绿叶扶"。我在劳动中获得过许多荣誉，这使我懂得任何成功、荣誉、功劳、业绩都不是独自追求能得到的，而是与人们和睦相处、共同努力、相互配合、互相帮助、互相支持、共同奋斗的结果。幸福不仅是在事业上有建树，也是在人际关系平等、公正、尊重中所获得的。

三是幸福来源于家庭和谐。为了安定，我在旧社会时组建了家庭。那时，我还是一个年仅18岁的姑娘，能懂得多少呢？父母为了摆脱不幸遭遇，使我早早成婚。解放后，我能听党的话，敢想敢干、敢于创新，做出了成绩，屡次获得上海市劳模、全国劳模、三八红旗手、人大代表等荣誉称号。而我的丈夫是一名普通工人，两个人的工种、性格都不一样，在同一个厂里工作。一个是默默无闻、埋头苦干的机修工；一个是雷厉风行、会唱会跳的挡车工。因为班组不同，平时很少见面，外界对我俩的结合议论纷纷，不少人认为我们夫妻不相配。对此有人说"兔子尾巴长不了"。然而，我们两个结婚60多年来，一直和睦相处，彼此互相尊重、相互理解、互相爱护，过着甜甜蜜蜜的生活。我爱人支持我的工作，在家中里里外外一手操劳家务，称得上是"模范丈夫"。

我认为家庭成员应该互相谦让、宽容，这是营造家庭幸福的重要因素。如有了矛盾，学会忍让，即使有什么问题也就很好解决了。现今我家已是四代同堂。儿子、媳妇他们都是退休职工；孙子已成家，并有了重孙，生活居住在一起。平时，我们婆媳之间无争端，儿孙们都很孝敬老人，日子过得红红火火，是一户既和谐又美满的家庭，使我无忧无虑，出入自由，弯腰自如，坚持积极主动地参与社会各类有益活动，晚年生活感到十分幸福。

四是幸福还要身体健康。人啊，不管年长年少，钱多钱少，身体健康就是好。在我看来，人如果没有健康身体，什么事也做不成。我过去在上棉十七厂工作，无论挡车要完成各项经济指标，还是搞技术革新、企业管理、指导别人技术操作，我都乐在其中。退休至今，我也一直没有停止过活动，这些全靠健康身体的支撑。如果一个人在工作岗位上，三天两头生病，今天请病假，明天进医院，哪能做好工作，完成各项指标，更谈不上动脑筋巧干，还有什么贡献可言。只有身体健康，再苦再累，吃饱睡好，便是养精蓄锐，再显身手，才能更好地工作，才能保证更多的奉献。

现今的生活条件好了，有些人懒得动，怕劳动，这样不好，对身体不利。人要经常动动身子，参加劳动，加快新陈代谢，使人的精力旺盛，体力充沛，心性舒畅。平时，我为了适当锻炼，不管刮风下雨，每天坚持步行，这已成了一种生活习惯。正是这种良好习惯使我保持着精神活力。此外，我还认为：一个人即使身强力壮，如果心智不全，心态和意识不正，那也是不健康的表现，生活也不会正常，人活着也不会幸福的。我们只有时刻保持幸福快乐，才会使自己更加热爱生活，更加幸福。

幸福不幸福的标准是什么？幸福向来并无固定模式，不同的人衡量幸福的标准也不同，但用时髦话来说：人活着要有奉献与价值。随着国家经济发展，越来越多的人开始懂得以有利他人、有益于人类为目标，在社会中形成追求真善美等价值的潮流，从关爱他人到倡导环保，个人幸福越来越与人类幸福趋于同一，这是幸福的最高境界。总之，幸福是每个人毕生的追求。

2022年12月

北京受勋感怀

黄宝妹

2021年7月1日，是中国共产党百年生日，在中国共产党历史上，在中华民族历史上，都是一个十分重大而庄严的日子。一百年前，中国共产党成立时只有50多名党员，而今天已经成为拥有9500多万名党员、领导着14亿多人口大国、具有重大全球影响力的执政党。

中国共产党一经诞生，就把为中国人民谋幸福、为中华民族谋复兴确立为自己的初心和使命，立志于中华民族千秋伟业。现在，中国共产党团结带领中国人民，正以不可阻挡的步伐迈向伟大复兴。

在中国共产党诞生100周年前夕，中国共产党中央委员会决定隆重表彰一批为党和人民作出杰出贡献、创造宝贵精神财富的共产党员，首次颁发"七一勋章"，具有多重时代价值，意义非凡。

2021年6月29日上午，中共中央总书记习近平同志在北京人民大会堂金色大厅，为我颁发中国共产党历史上首次设立的"七一勋章"。那时的我，热血沸腾，沉浸在无比幸福之中，这是我铭记终生的时刻。

当天清晨，我和其他获得这一荣誉称号的同志一起，分乘几辆面包车，从京西宾馆出发，前往人民大会堂。我坐在5号车上，车队的最前方，是由国宾护卫队组成箭头形状的开道车，两侧是护卫的摩托车。驾驶摩托车的中国人民解放军战士，英姿飒爽，体现了国威军威。这是国家的最高礼遇，那是国家元首才能享有的，我一个纺织工人，也能享受这特殊的礼遇，是何等的荣幸！

我人坐在面包车里，思绪却回到了几十年前。中华人民共和国成立前，我才13岁，为了生存，进裕丰纱厂当了童工，常常吃了上顿没下顿。是中国共产党将我从水深火热的苦难中解放出来，废除了抄身制，组织我们扫盲学文化，唱革命歌曲，还学习技术。翻身当主人不是嘴上说说，而是要真正拼命干。为了报答党的恩情，我整天在厂里，全身心地扑在工作上。在党组织教育、培养和群众的帮助下，我在21岁时，加入了中国共产党。从1953年起，先后2次被评为中国纺织工业部劳动模范，5次被评为上海市劳动模范，2次被评为全国劳动模范，2次被评为全国青年积极分子，1次被评为上海市三八红旗手。我还走出国门，1954年参加中国五一观礼团，到苏联莫斯科观礼并参观。1958年随中国青年代表团到奥地利参加世界青年联欢节，又代表中国青年，参加了在布拉格召开的世界青年联盟扩大会议。

车队在国宾护卫队的护卫下沿着长安街前进着，我的思绪也在快速飞转，过去的经历如同电影，一幕幕地在脑海闪现。

当车队行进到中南海新华门前，毛泽东主席手书的"为人民服务"五个大字映入了我的眼帘。为人民服务是我们党的根本宗旨，也是我们党的奋斗目标。我想起了8次见到毛主席他老人家。在中南海怀仁堂，我参加了中国共产党第八次全国代表大会，亲耳聆听了他的教诲。正是他的谆谆教导，对我寄予的厚望，我才在1957年放弃当干部，1959年放弃做演员，为全国人民有衣服穿，在纺织工人这个岗位上坚持工作了几十年，始终奋斗在生产第一线。

我又想起周恩来、朱德、宋庆龄、贺龙、陈毅等好多老一辈无产阶级革命家，他们对我都特别关爱，给了很多鼓励，成为我不断前进的动力。

看着车窗外，人们向我们招手致敬，我感到很幸福，同时也告诫自己，我只是在党的教育下，做了一点应该做的工作，党和人民给了我很多荣誉，这次又获得"七一勋章"荣誉称号。在这么高的荣誉前，我更加清醒地认识到，我要永远戒骄戒躁，永远紧密联系群众，永远听党的话，永远跟党走。

车队行进到天安门广场时，我看到了蓝天下雄伟的天安门城楼，那里是毛泽东主席宣布中华人民共和国中央人民政府成立的地方，是标志着中国人民站起来的地方，也标志着一个新时代的开始。历史证明，没有中国共产党就没有新中国。中国共产党以解放天下为己任，全心全意为人民服务，为人民谋幸福。土地革命战争时期，共产党建立了苏维埃政权，打土豪分田地，想到的是人民的利益；抗日战争时期，共产党领导人民救亡图存，为的是民族解放；打倒国民党，也是为了让人民过上幸福的日子。改革开放以来，进入新时代后，党把人民对美好生活的向往作为奋斗目标，再次见证了党的初心和使命。

当天上午，阳光灿烂，天气格外晴朗。人民大会堂门口，欢迎仪式特别隆重，我们接受了少先队员献花，沿着红色地毯，在仪仗兵的注目礼下，进入人民大会堂，领导同志都在那里迎候我们。全体中央政治局常委参加授勋仪式，这是何等荣耀！

中国共产党成立100年来第一次颁授"七一勋章"，而我就荣幸地赶上了这一次，感到特别幸福。"七一勋章"是党内最高荣誉，和我同时受勋的人中，有出生入死、浴血奋战的革命战士；有常年坚守边疆、巩固国防的戍边英雄；有扎根基层、一心为民的革命干部；有兢兢业业、锐意探索的专家学者；还有用自己的宝贵青春，践行初心和使命、献出生命的英雄。他们的岗位不同，但都用行动证明，他们无愧于"七一勋章"的光荣称号，也是我学习的榜样。

在这里，我见到了好多过去在电视新闻上看到过的人。他们的光辉事迹，值得我永远学习，包括交响乐《红旗颂》的作者吕其明同志。1958年，在谢晋导演的电影《黄宝妹》中，我自己出演了自己，而为电影谱曲的正是吕其明同志。授勋前夜，他来看望我，讲起当年他为这部电影配曲的经过。60多年后，我才知晓此事，可见在我成长道路上，有多少人为我的成长进步在默默付出。我有什么理由不努力工作，报答大家的关心呢？我有什么理由骄傲自满呢？我只有继续努力，勤奋工作，才能对得起大家对我的关爱和支持。

在《红旗颂》的乐曲声中，习近平总书记带领全体受勋人员，来到了人民大会堂金色大厅。上午十时，在雄壮的乐曲声中，李克强总理宣布"七一勋章"颁授仪式开始。

每一位"七一勋章"获颁者上台受勋时，广播中会传来颁奖词，那浓缩了的几句话，是对受勋者革命历史和杰出贡献的高度概括。听到马毛姐、王书茂、王占山、王兰花、艾爱国、石光银、吕其明、廷·巴特尔、刘贵今、孙景坤、买买提江·吾买尔、李宏塔、吴天一、辛育龄、张桂梅、陆元九、陈红军、林丹、卓嘎、周永开、柴云振、郭瑞祥、黄大发、黄文秀、崔道植、蓝天野、魏德友、瞿独伊的颁奖词时，我犹如上了一堂生动的党课，他们崇高的精神境界和无私奉献的精神，永远是我学习的榜样。

在为我颁授"七一勋章"时，颁奖词是这么说的：

黄宝妹，新中国纺织工人的优秀代表，为实现"全国人民穿好衣"的梦想，在平凡岗位干出了不平凡业绩，坚持发光发热，是退而不休的老劳模。

听到对我的颁奖词，我既激动又惭愧，我只不过做了应该做的事，党和人民给了我无比崇高的荣誉。我的光荣，是产业工人的光荣，是劳动人民的光荣，也是上海的光荣，更是工人阶级的光荣。

在欢快的乐曲中，在全国人民的注视下，我怀着极其兴奋的心情，走上颁奖台，走向习近平总书记。总书记对我微笑着，我激动地说："总书记，我又见到您了。"总书记听到我的话，亲切地问我："身体好吗？"我回答："好的。"

那是2019年11月2日，在杨浦滨江，习近平总书记视察上海时，来到黄浦江边的人人屋，我和曾孙女黄梦菡一起受到了习近平总书记的亲切接见。总书记听了我的汇报后，说我是国家建设发展的见证者、参与者、奉献者，要求我多向年轻人讲讲过去。两年多来，我遵循总书记的要求，到基层、到机关、到社区，也在网络平台上，宣讲党的路线，讲我的成长史，受到了大家的欢迎。他们都说我讲得实在接地气，没有官话套话，有位居委会干部对我讲，你讲到大家的心里去了。

我站在习近平总书记面前，总书记亲手将"七一勋章"挂在我的胸前并和我一起合影留念。那一时刻的我，心潮澎湃，整个人充满幸福感。不知道用什么词语形容当时的心情，可以说，心都要从胸膛里跳出来，感到无比光荣和自豪。

"七一勋章"以红色、金色、白色为主色调，章体采用党徽、五角星、旗帜、丰碑与光芒、向日葵、大山大河、如意祥云等元素构成，寓意在党的阳光沐浴下，勋章获得者一心向党、全心全意为人民服务，不忘初心、牢记使命、砥砺前行。我要继续努力，做一个无愧于共产党员、无愧于"七一勋章"称号的大写的人。因为只有为人民做好事，人民群众才会支持你，而我们党的宗旨就是为人民服务的。

在授勋仪式上，习近平总书记发表了重要讲话，总书记说：

今天受到表彰的"七一勋章"获得者，就是各条战线党员中的杰出代表。在他们身上，生动体现了中国共产党人坚定信念、践行宗旨、拼搏奉献、廉洁奉公的高尚品质和崇高精神。

总书记还说：

> "七一勋章"获得者都来自人民、植根人民，是立足本职、默默奉献的平凡英雄。他们的事迹可学可做，他们的精神可追可及。他们用行动证明，只要坚定理想信念、坚定奋斗意志、坚定恒心韧劲，平常时候看得出来、关键时刻站得出来、危难关头豁得出来，每名党员都能够在民族复兴的伟业中为党和人民建功立业！

总书记最后说：

> 新时代是需要英雄并一定能够产生英雄的时代。中国共产党要始终成为时代先锋、民族脊梁，党员队伍必须过硬。希望受到表彰的同志珍惜荣誉、发扬成绩，争取更大光荣。各级党组织要从工作和生活上关心爱护功勋党员，大力宣传"七一勋章"获得者的感人事迹和崇高品德，在全党全社会形成崇尚先进、见贤思齐的浓厚氛围，激励广大党员、干部牢记党的性质宗旨，牢记党的初心使命，不懈奋斗，永远奋斗，在全面建设社会主义现代化国家新征程上，向着第二个百年奋斗目标、向着中华民族伟大复兴的中国梦奋勇前进！

习近平总书记讲得多么好啊！他的话既有深度又有广度，体现了习近平新时代中国特色社会主义思想的内涵，是我们今后认真学习的重要文件，也是我今后人生道路的指南。

我出生于1931年12月26日，到2021年已经整整90岁了。虽然年纪大了，但我的心依然年轻。我的心底总是有一股激情，总有干不完的劲。从北京回来后，我继续去了不少单位讲课，最多一天去了3家单位。只要身体允许，我一概应允，我把这看作是责任、是义务。我要牢记习近平总书记的殷殷嘱托，多向青年人讲讲过去，让他们永远记得我们党的奋斗历史，我们国家建设的历史，记得我们曾经走过的艰难曲折的道路，这是我义不容辞的责任，也是我的历史使命。

从现在开始，全国人民在以习近平同志为核心的党中央的领导下，踏上了向第二个百年奋斗目标奋进的新征程。当代中国，江山壮丽，人民豪迈，前程远大。面对百年未有之大变局，在新阶段、新理念、新格局下，我要不忘初心，牢记使命，以习近平新时代中国特色社会主义思想为指导，增强"四个意识"，坚定"四个自信"，做到"两个维护"，做一个忠诚的、合格的共产党员。

习近平总书记在庆祝中国共产党成立100周年大会上对党员提出了新的要求，他说：

> 党中央号召你们，牢记初心使命，坚定理想信念，践行党的宗旨，永远保持同人民群众的血肉联系，始终同人民想在一起、干在一起，风雨同舟、同甘共苦，继续为实现人民对美好生活的向往不懈努力，努力为党和人民争取更大光荣！

没有中国共产党的教育和培养，没有人民群众的关爱，没有家人的支持，就没有我的今天。我要按照习近平总书记要求的那样，珍惜荣誉、发扬成绩，争取更大光荣，做一个退而不休的老劳模。

回首过去，展望未来，有中国共产党的坚强领导，有全国各族人民的紧密团结，全面建成社会主义现代化强国的目标一定能够实现，中华民族伟大复兴的中国梦一定能够实现！我的一切属于党，属于人民。我愿为中国共产党和中国人民的伟大事业奋斗终身。

2021年12月26日

第一章

苦难的童年

1931年12月26日，寒风凛冽的冬夜里，在上海浦东高东镇麦家宅出生了一个女婴。谁也不会料到，这个女婴日后会成为一个闻名全国的劳动模范。

她就是黄宝妹。她童年时就开始做工，遭受帝国主义压迫和剥削。

贫困的家庭

黄宝妹幼年家里很穷。家中除父母以外，还有哥哥、弟弟、妹妹六个人，全靠父亲卖豆腐赚钱为生。一家人居住在位于浦东的借的一间破破烂烂的矮房子里。每逢刮风下雨，不是屋顶滴水，就是山墙渗水，真是屋外下大雨，屋内下小雨。父亲为了全家人的生计，每天天还没有亮，就挑着豆腐担子，头顶星星，脚踏露水，赶到高庙、金家桥沿街叫卖。因为冬天无钱买鞋子，父亲穿着草鞋穿街走巷。下雨天，他头顶麻袋继续叫卖，经常喉咙叫哑，以此挣钱，这也是全家唯一的生活来源。尽管父亲累死累活地叫卖，但家里还是经常吃了上顿愁下顿，过着吃不饱、穿不暖的艰苦日子。至今，黄宝妹还记忆犹新：那时家里没有一条像样的被子，没有一件值钱的家具。

有一年夏天夜里，突然有两个强盗手提木棍，闯进家门，气势汹汹地叫嚷:"不许动!"紧接着四处观望,准备抢夺财产。他们见床上妹妹弟弟盖的是一条破被子,旧木凳上放着穿的破衣服,家里乱七八糟没有一样值得拿的东西,锅里放着烧豆浆准备做豆腐的原料。于是,他们十分扫兴地说:"穷光蛋!"便扬长而去。后来,这两个强盗又窜进了隔壁一家。可隔壁的邻居指着黄宝妹的家说:"你们到他家里去吧!我们实在没有值钱的东西。"强盗垂头丧气地说:"我们去过了,这家跟你们一样穷得叮当响。"

黄宝妹的母亲原来是山东人,3岁时被骗子从山东千里迢迢拐卖到上海,几经转卖,吃尽了苦,受欺凌、遭歧视,最后卖给一个癫痫病人当童养媳。没过几年,她前夫就死在河里。从此,黄宝妹的母亲从15岁就开始守寡,处处被人歧视。"寡妇门前是非多",周围尽是"寡妇改嫁会遭天灾人祸"等流言蜚语。经好心人的介绍下嫁给一个穷汉——黄宝妹的生父。后来,生下了黄宝妹。

黄宝妹的母亲当时生产时也无钱叫接生婆。为了生活,生孩子第3天,黄宝妹的母亲就帮别人家带孩子、喂奶、洗衣服。大弟弟因为无奶吃,哭瞎了眼睛,有病无钱治疗,活活病死在母亲怀抱里。黄宝妹的母亲生了9个孩子,实际上只剩下黄宝妹及弟弟妹妹3个人,其余6个孩子不是饿死就是病死,都夭折了。

旧社会的血泪、苦难和仇恨永世不会忘记。那时,日本侵占上海,黄宝妹的哥哥,十多岁就跟着别人离家到重庆学木工。后来由于战乱,也无法打工,回家无路费。她哥哥只能在路上边打工,边朝家里走,走走停停……在500多里路途中,身患伤寒病的哥哥死在铜顶山脚下。母亲见与儿子一起出去的伙伴们都陆续回来了,却不见自己的儿子的影子,急着上门多次询问一起去的人。他们怕黄宝妹母亲受不了,始终不敢对她说出真相。从此,母亲时常坐在家门口盼望儿子回来!盼呀等啊,不知等了多少日子……有人见了此情后很同情她,便安慰地说:"不要等了,你儿子回不来了。"当她母亲知道儿子死了,整个身子瘫倒在地上,哭得死去活来,一下子头发全部变白了。

一幕幕情景和仇恨,黄宝妹记在心里,她只恨自己太幼小,望自己快快长大成人，好为家里分挑担子。人人都有童年，未必个个快乐。黄宝妹的童年是苦难的，不快乐的。别人家的孩子捉蜜蜂、放风筝、跳绳子、踢毽子、读书写字……而黄宝妹刚刚11岁的时候，就开始跟着母亲一起下田割麦，从事田间劳动，干起活来，经常是"眼睛一睁，忙到熄灯"。

日本人侵占上海后，横行霸道，百姓遭灾，杀人放火，奸污妇女，无恶不作。有一回，黄宝妹亲眼看到日本鬼子强奸隔壁一个十多岁的女孩阿香。黄宝妹的父母为避开横祸，全家人从浦东居家桥迁往高桥。这天正下着雨，父母扛着箱子，哥哥抱着妹妹，黄宝妹他们撑着雨伞走了近2里多路，到了庆宁寺时路人说："东海滩你们不能去，那里更加乱。"后来，黄宝妹一家人只得又返回居家桥，继续靠父亲卖豆腐为生。

为了全家人的生计，12岁的黄宝妹就开始同母亲一起贩盐卖，每天下午出门到东海滩，赤脚踏着海水上船挑上一担20多斤盐，很晚才回家。第二天，鸡叫头遍起床，挑上盐，再跑上十七八里路，赶到高庙卖盐。一路上，黄宝妹右肩挑痛了换左肩，走累了歇一会，赶到高庙天刚亮。然后，把盐放在路边等人来买。盐卖掉，黄宝妹买了米，用手帕包好带回家，给一岁的弟弟吃，而全家人吃野菜和玉米粥。当时做盐生意，如果被日本鬼子看到要被没收或被抓去坐牢。有时，黄宝妹看到日本鬼子便机灵地逃，或躲到人家屋里，等待日本鬼子走掉了，她才敢再出来继续卖盐。黄宝妹卖盐吃尽苦头，东逃西藏，心中埋下了她对旧社会的仇恨，并在艰难的生活中磨炼了顽强的意志，造就了坚毅不屈的性格，这些成了黄宝妹在社会主义建设中宝贵的精神财富。

家庭贫困吃饭难，做生意连盐也不好卖，怎么办呢？平时家里拾菜皮、挖野菜、卖豆腐过日子。自小小年纪，黄宝妹就主动从浦东挑豆箕柴、甜鲁苏（稷米梗）上街卖，从高东镇一带乡下挑上一捆，走二十多里路，还要过轮渡，跑到浦西杨树浦、沈家滩附近卖掉，赚点钱回家买点米补贴家用，家里有饭吃就不错了。如果有一天卖不掉货，回家就没有饭吃，即使有饭吃也没有菜，就用盐水拌下饭，更何况生活不得安宁。不是今天这家有人被拉走当壮丁；就是明天那家遭灾殃，大家都提心吊胆过日子，那样的苦难生活如今回想起来真是心酸！泪水只能往肚里吞。

踏进纱厂门

1944年春节的一个早上，依然寒风凛冽，雪花纷飞。浦东高庙镇的小街上行人稀少。此时，黄宝妹同邻居阿凤姑娘在一起玩，阿凤随口说："有钱人家的孩子过新年穿新衣裳，要忙着走亲戚……我们家穷无钱，只好小街上溜溜玩玩。我想找工作做，听说日本人在杨树浦有一片纱厂要招工，你想去吗？"黄宝妹听了毫不犹豫地说："好啊！只要有活做就有饭吃，我跟你一起去报名试试。"黄宝妹从小就是一个爽快的小姑娘。第二天，两个人约好，赶到浦西裕丰纱厂报名地。她们看厂方要求很严格，人长得矮点不要，人瘦的不要，没有力气的人不要，脸色不好的人也不要。黄宝妹胆战心惊地说："我们报名行不行？"招工的人对她俩前后仔细地看了一遍，仅问问姓什么？今年几岁？其他什么没有说。此时，她俩心里忐忑不安，唯恐招工人刁难，借口不要。不久，当黄宝妹和阿凤知道被录取后，高兴得几乎双脚跳了起来。第二天一早，她俩很快就到纱厂里报到。

年仅13岁的黄宝妹满怀兴奋地踏进了纺织厂。她被分配在细纱车间，是纺织生产上最重要的岗位。车间里一排排细纱机，轰隆隆声音很响。一个13岁姑娘，第一次看到机器既害怕又好奇，好奇的是锭子怎么转得那么快，害怕的是活干不好怎么办？人要在机器"弄堂"里不停地跑来跑去，眼睛要一直盯住不停转动的筒管、锭子上纱有无断头。筒管上缠绕着一根棉线，人们叫它线头。如看到纱头断了，必须马上把纱头捻接起来。这么多纱锭一齐转起来好似天空下雨，车间里飞满花衣，就像春天野外漫天飞舞的柳絮杨花。黄宝妹一进车间人就没法停，忙得连去厕所的时间都没有，上班吃饭时机器是从来不停的。当时厂里没有食堂，黄宝妹吃的是家里带来的饭菜，放在车顶板上烘得硬邦邦，夏天有时饭菜变质了也得吃下去，冬天有时开水泡泡吃，有时只好吃冷饭。

"拿摩温"（工头）是不顾工人死活的，工人一天到晚12小时巡回跑，要接上万根数不清的断头纱。这里断了这里接，那里断了那里接。当时车间没有通风设备，温湿度无法控制，冬天冷死、夏天热死，天气好时纱头不容易断，遇到天气不好，纱头就容易断。黄宝妹一个人要管270多个锭子，断头来不及接，就要遭到"拿摩温"责骂，等筒管纱满了马上又换上空的筒管，机器仍然在运转，没有停歇。

打从进车间干活，黄宝妹就知道要吃苦。因此，她一刻也不休息和偷懒。有时断头多了，手脚慢一点，被"拿摩温"看见了就要挨打，甚至会给点"颜色"看，一天工作下来，人累到路也走不动，既感到吃力，又觉得手脚酸痛。黄宝妹心想：干活虽然辛苦，毕竟有口饭吃，社会上吃尽各种各样苦的女人多着呢？于是，她暗暗地对自己说：这点苦算什么！何况家里要靠自己劳动糊口，人便感觉轻松起来。由于夏天车间没有通风设备，空气更加混浊，热得像火炉，下班出车间两条腿走路像踩在棉花团上一样发软，下班到厂门口还要排队等抄身，有时抄身婆叫着："懂规矩吗！双手举起来！"旁边的一位小姐妹对黄宝妹说："快要轮到我们抄身了！"只见那个抄身婆一只手捂着鼻子，另一只手在小姐妹全身上下到处乱摸，抄完身后便挥手说："好滚啦。"黄宝妹十分气愤地想：我们进工厂干活竟然这样不自由、不信任，把我们工人当成小偷。从此，她每到下班，一天辛辛苦苦劳动下来，到了厂门口就觉得难受，心里充满着仇恨。

厂里"拿摩温"大多数是女的。黄宝妹工作的细纱车间每一班纺纱车间里就有一个。她们不干活，专门负责监督工人生产。有一次，有位小姐妹告诉黄宝妹："拿摩温"在车间里找不到你的差错，她们会勾结抄身婆在厂门口捉板头，找你麻烦，真叫人防不胜防，旧社会里工人上下班进出像进鬼门关。黄宝妹由于家里住在浦东，早上，她踏着露水出门；下班，顶着满天繁星回家，一天又一天，月复一月，年复一年，在细纱车间与姐妹们整天围绕纱锭飞转，装上空的，取下满的，双眼盯着纱是不是有断头，发现缠结纱或断头便及时用手重新接好，说有多苦多累，就有多苦多累。但到时候下班拿到工资回家把钱交给母亲过日子,能减轻家庭负担,黄宝妹也就把自己吃的苦、受的累都忍住了。

童工遭虐待

　　黄宝妹进厂,当一名纺织女工是很高兴的。她满面笑容,心里总是乐滋滋的。但刚踏进车间门口第一天,看到一个"拿摩温",妖里妖气,瞪着眼睛,一副凶像,似乎想吃人。狂叫着"你们几个就跟着我在这边学接头,一切由我来管你们。"这些"拿摩温"平时狗仗人势、张牙舞爪,任意欺负工人。更令人不可忍的是,她们还殴打童工,女工们背地里都叫她们"雌老虎"。在生产中,"拿摩温"还经常训斥姐妹说:"你们几个丫头听着,厂里规定,学接头不准跑开,不准讲话,更不准偷懒……"然后,她一本正经地领着大家走到车子旁边学接头。她做了一个动作后就让我们练,一练就是三四个钟头。这样练下来,姐妹们腿站着酸了,手指头的皮被纱磨薄了,纱线把手指勒出了血。然而,"拿摩温"还要大家练下去。姐妹们感到累了,停下来用手揉揉腿,一旦被"拿摩温"看见,就要挨一顿打骂,有的小姐妹连厕所也不敢去。练上几天就叫我们开始上车接头,只听"拿摩温"一会儿骂这个"笨蛋",训这个"蠢猪",连一个头也接不上;一会儿扯那个姑娘的耳朵骂:"死丫头,教过你了还不会接头。"姐妹们整天工作提心吊胆,只能小心翼翼地在车弄里往返。有一次,黄宝妹偶然没有接上断头纱,却被"拿摩温"看见了,她拿起纱筒管对着黄宝妹的手就狠狠地敲下去,痛得黄宝妹双脚直跳,还不敢出声。没有学多长时间,黄宝妹就被分派到一部最容易断头的细纱机,不是锭子弯的就是钢丝圈绣的,断头非常多,别说刚刚挡车的童工黄宝妹做得手忙脚乱、难以应对,就是那些进厂多年接头老练、经验丰富的大姐也来不及接头。从此以后,黄宝妹和姐妹们每天上班不断重复查看、接头、换筒管,如发现纱线纠缠了或者断头了,便马上用手指捻接好。黄宝妹想:要想有饭吃,就要吃点苦。纺纱织布自盘古以来就是女人做的，活干好了有饭吃，苦点累点也总比没饭吃要好吧！

日本人和资本家为了榨取工人血汗，不断增加工人劳动强度。厂里规定吃饭不关车，工人干活一边操作一边吃饭。平时将饭盒放在车头上，吃饭时吃几口饭放下来接几只纱头，在车弄堂里转一圈，看到有断头就要马上接好，这样一顿饭有可能吃上两三个小时。长此以往，女工们的身体受到严重损害。除了这些，对一个未成年女孩子来说，每天要工作12个小时，即"六进六出"。平时上下班两头不见太阳，逢到日班，早晨3点钟左右就得起床，从家里出门走到庆宁寺轮渡码头，乘轮渡过黄浦江，再要走过定海桥到厂里上班，走得快要40分钟。那个年代过黄浦江仅有3只小船，遇到刮风下雨船就不正常了，错过时间晚一班船，上班就迟到，不仅要扣工资，还要吃苦头。"拿摩温"对新进厂童工更加凶恶异常，不是打就是骂。为人忠厚的黄宝妹平时不声不响，"拿摩温"看她老实好欺，硬要她一个人做一个半人的工作。别人挡车看台270锭，却让她看台400锭。对此，黄宝妹并没有被难住，硬着头皮坚持做下去，也从来不吭声。有时，谁要伸个懒腰或打一个呵欠，都会有人来管，一不小心头上会被"拿摩温"敲一记"毛栗子"。

细纱车间的苦活，黄宝妹都干过，有时下班，她主动帮助下一班的姐妹揩车、落纱用毛刷子把沾满纺纱车上的白蒙蒙花衣揩掉，使下一班人工作更方便，使其他姐妹少吃苦头。

苦练接纱头

黄宝妹常对人说："在旧社会，一个纺织女工总要学点技术，吃点苦，有点本领，才有工作，也有饭吃。"自从进厂以后，她就下定决心，争口气，学好挡车技术和操作本领。她认为不管再苦、再累、再难，技术本领一定要学到手，否则更被别人欺负，看不起，也没有饭吃，更对不起父母养育之恩。

有时候坏事也会变成好事。黄宝妹从第一天进入工厂起，便在"拿摩温"的监视和逼迫之下，忍气吞声地干活。每天，她起早摸黑，提前进车间，认真劳动，勤学苦练。上班时，她拜老工人为师，虚心求教，勤学苦练细纱接头和操作技术。在巡回时，她跑得快，认真处理断头和绕皮辊花衣……周围老工人见黄宝妹如此勤快，为人又诚恳，待人也很有礼貌，相互见面时师傅长、师傅短地叫着，因而也很愿意与她相处，将技术毫无保留地传授给她。黄宝妹深有感触地说："要知道在旧社会学点技术不容易，在同一个岗位上，一旦让别人掌握技术和操作，你就有丢饭碗的可能。"这就叫"教会徒弟，饿死师傅"！相反，如果你不虚心、不主动、不勤奋，就很难学到技术。

在细纱车间工作，噪声和灰尘很大。黄宝妹平时除了坚持练接纱头，还主动地扫地、洒水，改变花衣飞扬的环境。见其他师傅忙不过来时，她主动拿扫帚上前帮忙打扫车下花衣，因而师傅们也很乐意帮她解决难题，由此她的技术不断进步。

黄宝妹心巧手勤，经过边学习边苦练，每分钟能接十几只头；脚也勤，巡回不停。别人挡车一般270锭，超过这个数就很难突破。但黄宝妹却比别人多挡130锭车。她的操作技术一直在车间名列前茅，别人很难追上她。她挡的车白花也比别人少，达到一定的标准。其实黄宝妹有一手熟练的技术，为以后改进和创新纺纱操作法，提高看锭能力打下了扎实基础。

参与闹风潮

1945年，抗日战争胜利了，日本投降，全国人民欢欣鼓舞。那时，黄宝妹年仅15岁。她本以为从此人们可以过太平日子，工人有饭吃，工作时间改为10个半小时了，但换汤不换药，人们的苦日子依然没有改变。抗战刚胜利，人民的笑颜刚展开，国民党却打起了内战，老百姓依然是过着水深火热的苦难日子。市场上，物价飞涨，民不聊生；工厂一片混乱，反动政府根本不管工人死活，生产停工发不出工资，工人没有饭吃，日子一天比一天难过。当时工人拿到一个月工资买不到一斗米，难以填饱肚皮。

在地下党的策划与组织下，工人们纷纷到职员食堂抢饭吃（国民党规定职员不带饭，厂里设有职员食堂，工人没有食堂），这场小小的反饥饿风波使工人们尝到齐心斗争的甜头。黄宝妹记忆犹新地说：当时细纱车间加油工算是小工，每天晚上在车间机器上爬上爬下，一会儿跑，一会儿卧，每天极其疲惫，有许多油眼点在机器里面，但给机器加油时，机器都不关停，所以，在加油时略有粗心就要出事故。她亲眼目睹过有的加油工手指压断，有的脚扭伤，工人生命无保障。为此，厂里闹起罢工风潮。当时厂里鱼龙混杂，有国民党反动派的亲信、特务；也有黄色工会、青红帮。还有共产党的地下党组织，组织工人们上街游行，高呼"工人要饭吃！工人要自由！工人要生命安全！打倒国民党！"等口号。对此，黄宝妹并不清楚这些复杂的现象，当时她只是为了有饭吃、人身安全、平等自由……她才积极参与闹风潮活动。

闹风潮，还有别的缘故，就是那时工厂停工了。黄宝妹说，当时她离开裕丰纱厂，和姐妹们一起到申新九厂细纱车间工作。这个厂的工人革命精神更旺，天天和反动派展开面对面斗争和对抗。"坚决打倒反动派，打倒法西斯，工人要自由，要饭吃"的标语在厂区和车间到处可见。黄宝妹在这个厂工作时间虽短，但受到教育很深。那时她也说不清怎么一回事，也不懂得多少革命道理。但是有一点，厂里闹风潮，看谁对工人好，谁为工人说话，谁为工人做事，工人们就相信谁、支持谁、听谁的话。当时不知道也不可能知道谁是地下党，但对地下党比谁都信任。由于申新九厂受到革命风暴影响，而且该厂离家路途太远，不久，黄宝妹又回到裕丰纱厂。从此，她更加积极主动地参加各类工人斗争活动，反对黄色工会，支持和参与护厂等革命活动。

1949年5月，上海解放了。黄浦江畔响起了"解放区的天是明朗的天，解放区的人民好喜欢"的欢乐歌声，黄宝妹同姐妹们一起手拿小红旗，迎接解放军。从此，工人翻身当家做主人，黄宝妹更加热爱工厂，更加积极劳动，开始初步明确只有共产党，工人才能掌握自己命运，决心为人民纺纱织布，争取做一个有益于人民的好工人。

结婚为安定

在1948年前后,上海老百姓以为终于盼到出头的日子了,企业家和做生意的人们也开始放心想干一番事业,过上好日子。可是好景不长,当时国民党政府忙于打内战,不顾老百姓死活,开始发行金圆券取代法币,引起市场物价猛涨。为了转嫁在资本家头上的危机,国民党政府采用金圆券支付工人工资,市场上货物越来越少,甚至有价无货,日常生活用品,柴、米、油、盐等一天要涨几次价,逢到发工资日子,在工厂门口,家人早就在排队等拿钱,因为原来拿到的工资可购买二斗米,如果到了下班再去买米,就只能买到一斗米。老百姓觉得金圆券并不比法币可靠,日子一天比一天难过,于是上海出现楼上抛弃金圆券,路上也无人捡拾的怪现象,社会既动荡又混乱。

此时的国民党政府为了控制工厂,将裕丰纱厂改为中纺十七厂(解放后改为上海第十七棉纺厂),厂里安插各种各样的人物,有国民党党徒、特务,还有一批狗腿子、地痞流氓等,他们胡作非为,横行霸道,欺压工人,为非作歹,谁不听他们话,就给谁吃苦头。这帮家伙看到漂亮年轻女工就常常利用机会骚扰,调戏女工,甚至在厂门口明目张胆干坏事,无恶不作,使工人做工也不得安宁,一边受剥削,一边受欺凌。

年仅十几岁的黄宝妹不懂得什么,但心中有点怕,对此种种现象,回家时点点滴滴地告知母亲,却引起老人家又一番深思,回忆起自己悲惨的身世,决不能让女儿遭受痛苦。有一天,黄宝妹下班回家,母亲突然发现有一个叫"小来西"的流氓跟在后面来到家门口,见到黄宝妹家里有人,便鬼鬼祟祟地溜掉了,这件事引起了家人的关注。为了女儿的幸福和婚姻大事,老人家一边口授让女儿如何与这帮流氓保持距离;一边开始为女儿物色对象。正巧,同一条弄堂里的邻居吴华芳(黄宝妹的爱人),经常来黄宝妹家里串门,他父母双亡,单身一人生活无人照顾,为人正派,热爱劳动,长得也不高不矮,既不喝酒又不吸烟,见人微笑,讨人喜欢。

那年黄宝妹刚满18岁，吴华芳比她大5岁。她母亲看中吴华芳忠厚老实，是个守规矩的好人，考虑到家庭安定，便把女儿许配给他，决定招他做上门女婿。不久，黄宝妹父母简单地为女儿办了婚事，开办了两桌酒，请邻居亲戚吃了一顿饭，没有什么结婚礼仪和吹吹打打的喜庆场面。

这真是乱世佳人，黄宝妹嫁了一个好男人。其实吴华芳也是上棉十七厂钢丝车间工人，与黄宝妹在一个厂里工作。后来黄宝妹成了上海乃至全国的劳动模范，一位记者在一次报道中称赞：当年帅哥靓妹，好工人与老劳模；如今均已白发苍苍，这是社会沧桑、时代光阴给人们留下的烙印。

第二章

翻身做主人

1949年5月27日，上海喜获解放。像天降神兵一样，黄宝妹家附近，到处驻满了解放军，他们露宿街头，待人和气，秋毫无犯。黄宝妹一家人第一次看到这样好的军队，真是碰到好人了，使黄宝妹看到了一个全新的世界。

没多久，厂里派来了军代表，向工人们宣传党的复工政策，宣布废除"拿摩温"制度和抄身制。工人们心情舒畅，扬眉吐气，上下班进出厂门时，再也不用低头哈腰被抄身，进了车间再也看不到那些穷凶极恶的"拿摩温"的嘴脸，而是工人们自己选出来的管理员，对工人笑脸相迎，亲如姐妹。

下了班之后，姐妹们三五成群地上业余学校，既识字，又唱歌，学文化，长知识，展现在黄宝妹眼前的是一个丰富多彩、风光无限的好日子。而最使黄宝妹振奋和难忘的是军代表在向工人们做报告时的一段铿锵有力的讲话：工人兄弟、姐妹们！你们这个厂原来是日本人开办的。他们掠夺我国的棉花，压榨我们工人的血汗。抗战胜利后，国民党大员们只顾自己发财，不顾工人的死活。现在我们解放了，大家成了工厂的主人，我们不但要破坏一个旧世界，而且能够建设一个新中国。我们要担负起工人阶级的历史使命，以主人翁的态度挑起工厂这副担子，努力搞好生产，创造更多的财富，支援国家建设，使我们的国家强大起来，再不受别人的欺侮和压迫。

黄宝妹和工人们听了军代表的话，感到一种从未有过的振奋和舒畅，含着激动的眼泪，拍红了手掌心。这些话使她的思想一下子开了窍，明白了以前闻所未闻的道理。军代表的话，成为她以后克服困难，不断进取的动力，她下定决心做共产党的好工人。

虚心学习　努力创新

新中国成立之初，百废待兴需要大量的资金，必须大力发展生产，积累资金，加快建设。纺织工业义不容辞地担负起了这个重托。纺织工业部为了多纺纱、纺好纱，推广了"郝建秀工作法"。

郝建秀同志是山东青岛市人，是青岛第六棉纺织厂细纱间的一位优秀青年挡车工。她虽然进厂的时间不长，由于工作刻苦钻研，善于摸索和掌握生产过程中的规律性技术操作，在领导和姐妹们的支持和帮助下，经过不断实践，总结出一套细纱挡车工的操作法，被纺织工业部定名为"郝建秀工作法"。这时，郝建秀同志只有18岁，是新中国成立以来，全国纺织工业中涌现出来的第一位先进人物，是全国纺织工人学习的榜样。郝建秀同志后来担任了纺织工业部部长、国家计委副主任、全国政协副主席等重要领导职务，"郝建秀工作法"的推广，极大地提高了纺织工业的生产力，为国家纺织工业的发展，作出了重大贡献。

黄宝妹和姐妹们积极响应纺织部的号召，虚心学习、认真执行"郝建秀工作法"。她不仅较快地掌握了工作法，而且从中摸索出一些规律。因此，全厂细纱车间的挡车女工中，数黄宝妹的皮辊花出得最少。很快，黄宝妹成为厂里的生产能手。她纺的Ne23纱，皮辊花只有0.307%磅，达到了郝建秀的同等水平。

黄宝妹牢记少出一两皮辊花，就可以多纺一两棉纱，节约用棉，降低成本，为国家多积累工业化的资金。她每天走进车间，脑子里盘算着如何减少断头，少出皮辊花。有人常常问黄宝妹："你皮辊花出得这么少，到底有什么诀窍呀？"黄宝妹笑着说："没有窍门，最重要是好好执行郝建秀工作法，正确地掌握巡回时间，就能减少皮辊花。"车间里的姐妹们称赞黄宝妹："肚皮里有个钟，手里有磅秤。"话这么说，有些人还是有点将信将疑。为了消除有些人的顾虑，有一天党支部书记给黄宝妹做了一次实验，她把黄宝妹手上戴的一只手表拿过来，先看了表的指针，然后问黄宝妹："现在是几点几分？"等黄宝妹跑完一个巡回后，再问她："现在是几点几分啦？"黄宝妹毫不犹豫地回答出现在是几点几分！党支部书记看了一下表，确实一分不差。于是，她大笑起来，便风趣地说："宝妹，你肚皮里可真有个钟，这只手表，不要戴它了"。大家说黄宝妹手里还有磅秤。这又是什么意思呢？原来黄宝妹每次从饭兜口袋里把皮辊花放进车头上口袋里的时候，总要捧在手里掂量一下重量，假如多了，她就要分析原因，设法减少。经过长期锻炼，她的手就成了一个磅秤，来督促自己少出皮辊花。黄宝妹在生产实践中深切地体会到，要领会"郝建秀工作法"的基本精神，就是要让人去掌握机器，不能让机器掌握人。对于文化水平不高的她来说，能悟出这个道理，真是难能可贵，来之不易。

黄宝妹在学习"郝建秀工作法"的同时，还虚心学习杭佩兰创造的"五一织布工作法"。在她的启发之下，扩大看台能力，同车间的几个小姐妹约定试验，每个人从看 400 锭扩大到 800 锭，开始是两个人各挡 1200 锭，另一个人专门做清洁工作，试验后不行，3 个人都太累。后来改为 3 个人，每人都看 800 锭，但巡回不走回头路，减少重复劳动，摸索出"单线巡回，双面照顾"的巡回路线。后来，在车间里推广了此方法，顺利地从两班改为开三班，24 小时运转，不仅充实和完善了"郝建秀工作法"的内容，而且节约了三分之一的人力，大大地提高了劳动生产率。

黄宝妹在减少皮辊花的过程中，不仅正确处理了人与机器的关系，而且她从生产实践中注意寻找产生皮辊花的病源，从机器本身发现问题，做到标本兼治。她所在组里的女工薛红英，皮辊花老是出得较多，就是减不下来，但薛红英常常埋怨着机器说："我这个短命的机器真'老爷'，黄宝妹皮辊花少，还不是她挡的车子（细纱机）好，要调我去做，保险白花也会少的。"黄宝妹知道后，就主动向这位女工提出把车子对调一下试试看。

在领导许可后，她们便对调了车子。薛红英轻松了，黄宝妹忙煞了。黄宝妹接手了薛红英的车子，看到断头纱确实很多，但是，她非常冷静。她想：我们挡车的就好像医生一样，先要替病人找出病灶，然后才能研究制定处方。因此，她先和车子"交朋友"，隔了两天，果然被她找出病源来了。原来那台细纱机上的歪锭子很多，钢丝卷也生锈了，所以，容易断头，多出皮辊花。于是，她请来保全工人帮她修好了歪锭子，又逐步把生锈的钢丝卷换掉，最终，这台机器像病人一样，很快被一个高明的医生给医治好了。从此，她每天出的皮辊花，不比她原来的多。而薛红英呢，即使调到了黄宝妹的车子，皮辊花还是不比原来的少。于是，黄宝妹耐心地对薛红英说：我们执行"郝建秀工作法"，不但要用手，而且要用脑。譬如，看见车子有一根头断了，就得去研究它为什么会断。找到原因后，我们就有方法对付它了。从此，薛红英认真地向黄宝妹学习执行工作法，皮辊花大大减少。

黄宝妹由此想到，挡车工除了接好头，还要能做到逐步努力做到逐锭检修，减少歪锭子。所谓"逐锭检修"，就是挡车工要对80只锭子从上到下，从粗纱锭子到牵伸部分，再到细纱锭子，有顺序地进行检查。每次查40只锭子，发现歪锭子，及时进行调换，改善机械状态。为了减少牵伸部分的飞花，保证棉纱质量，黄宝妹还会同保全工一起试制了一种"红芯子"（集合器），使皮辊花大大减少。对此，当时的上海纺织工业局局长鲁纪华对黄宝妹"逐锭检修""红芯子"的创造极为重视，认为这是一个创新，便亲自到十七棉召开现场会，鲁局长要求各厂领导带着教练员一起参加，推广和学习黄宝妹的"逐锭检修"法。

火车跑得快，全靠车头带。黄宝妹在车间里就是火车头，她带动着大家一起前进。青年女工张文琴出的皮辊花比大家多，黄宝妹就留心观察她，发现她没有掌握技术，也没有完全按照工作法操作，因此，她的接空头也多。为了使她减少空头，黄宝妹特地每天提早2小时上班来帮

黄宝妹（第一排左四）交流操作经验集体留影

教张文琴正确执行工作法。有时,她还到张文琴家里去提供帮助。一个多星期之后,在黄宝妹辛勤指导、帮助下,张文琴的技术有很大提高,皮辊花大大减少。不久,小组里的工人为了向黄宝妹学习技术,她们特地成立了一个"技术互动小组",推选黄宝妹当组长。后来,黄宝妹所在的生产小组被评上了"上海市先进小组"。

黄宝妹(前排中间)小组被评为上海市先进小组全组集体留影

互相学习 共同进步

黄宝妹不仅认真学习"郝建秀工作法",还非常注意学习其他单位先进人物的经验。例如:她带着小组同志学习上海棉纺织七厂李素兰的细纱操作先进经验,同时,还同小组同志到国棉六厂学习先进经验。黄宝妹和姐妹们像勤劳的蜜蜂一般,不断"采蜜",充实自己的工作经验。

上海纺织工业有几百个企业、几十万劳动大军,生产的主要品种是布和纱,共性的内容多,大同小异。而且是劳动密集型企业,一个纺织企业的规模小的几百人,中型的上千人,大型的纺织企业有几千甚至上万人。可比性强，共性的东西多，因此，纺织行业的劳动竞赛也组织得有声有色、丰富多彩。个人之间、小组之间、车间之间，甚至企业之间，都开展竞赛。如果谁不虚心学习别人的先进经验，故步自封，谁就会落后。黄宝妹同志就是一个勤于学习、善于学习的人。虽然当了劳动模范，她也会虚心学习外单位和本单位的先进经验，在相互学习中共同进步。当时的《解放日报》就有一篇黄宝妹和浦玉珍"相互学习，你追我赶，共同进步"的佳话文章。

黄宝妹和浦玉珍同是国棉十七厂细纱车间的挡车工，黄宝妹在二纺细纱间，浦玉珍在四纺细纱间，每个车间都有好几百人，所以，平时相互之间不一定熟悉。黄宝妹当上劳动模范后，浦玉珍看了厂门口的光荣榜，一度不以为意，认为黄宝妹当劳动模范是领导捧出来的。因为浦玉珍是四纺细纱间的技术尖子，厂级先进生产者，没有评上劳模，心里总有点委屈。认为黄宝妹车间条件好，自己的车间都是老爷机器，温湿度高，断头太多……其实，浦玉珍认为"老爷机器"罪魁祸首这个弯路黄宝妹以前也走过。在领导启发下，浦玉珍到二纺细纱间学习了黄宝妹的工作法，白花比平时减少了三分之一，但是，浦玉珍的包粗纱没有过关，主要没有全面巡回，操作时的灵活性、计划性、预计性未到位，包粗纱不均，质量达不到要求，皮辊花不稳定，浦玉珍就向黄宝妹学习包粗纱，黄宝妹对浦玉珍说："包粗纱要将花衣拉长一点，包起来就不会断了。"并在车间里当场"包教保学"，浦玉珍也很聪明，一点就通，苦练基本功，丝毫不放松。半个月后，浦玉珍的换粗纱不断头了，"老爷机器"也听使唤了，浦玉珍从心底里感谢黄宝妹。

浦玉珍并不满足已经取得的成绩，时刻在想把自己的工作再推进一步，经常在车间里动脑筋做多种试验，试验的重点还是改进巡回跑到哪里才好接头，这样白花就会减少。浦玉珍大胆打破常规，一看见断头，马上跑过去快速捻接，取名叫"清洁工作灵活分段法"，效果非常好，白花效果超过了黄宝妹。《解放日报》很快加以报道，题目是"浦玉珍赶上了黄宝妹"，浦玉珍也被评为了上海市劳模。

黄宝妹看了消息，一度也感到没有面子，落在人家后面，觉得难为情。"假使有人超过你，应该怎样？"黄宝妹想起了市总工会张祺主席的嘱咐。黄宝妹对自己说："对！应该虚心向浦玉珍学习，我们厂里多了一位先进人物，我应该高兴。"于是，黄宝妹带着小组的姐妹们到四纺车间学习浦玉珍的"清洁工作灵活分段法"。黄宝妹看到锭子上一条条的白花，忍不住想跑过去帮她接好这根头，但没有想到，只看见浦玉珍一块擦板打过来，人也跟着过来，一下子把头接好了。浦玉珍又在接好头的地方，重新做起清洁工作来。

第二天，黄宝妹提早到了车间，正式以浦玉珍的方法做清洁工作。起先总是忘记分段，哪一段已做过，哪一段没有做过，搞不清楚，反而影响了正常跑巡回。晚上回去，黄宝妹花了2个小时时间，在桌子上画了一张分段巡回路线，然后在每一段做一个标记，只需用手指划过去，看到有记号的地方，就知道已做过了。黄宝妹把自己的意见告诉了技术员，很快她的车子上分段漆了红漆做记号，做起来的时候，果然一点不乱，进一步充实了浦玉珍的分段清洁工作法。

黄宝妹和浦玉珍的先进思想、先进事迹在厂里厂外传开了。她们这种互相学习和富有创造性的精神，在厂内外掀起了学习先进、完成生产计划的热潮。

先人后己　见利就让

在新中国成立不久，黄宝妹为了工作，从浦东农村搬到大杨浦，开始借的房子是在贵阳路的一幢老房子里，上海人叫本地房子，后来，黄宝妹家里一点一点拼拼凑凑搭建成一间，称得上是杨浦区的贫民区之一。黄宝妹当了劳模之后，从来没有想到要换房子，更没有经济能力造新房子。

1956年前后，有一次上海市总工会国际联络部部长韩亚雅陪同苏联一个代表团到黄宝妹家里参观和做客，见到她7口之家，三代人同住在上海本地老房子，面积约25平方米，七八平方米的一个灶间，另外，加上一个角楼10平方米，所处周围环境既乱又差，室内没有像样家具，地上没有地板之类装饰，更没有客厅及卫生设备，几乎像"滚地龙"。参观的代表对此很不理解。在交谈中，一位代表激动地问韩部长说："黄宝妹是劳动模范，又是人民代表，怎么住在这么差的地方？"韩部长急忙解释说："她住在老房子里，便于联系群众，劳模、人民代表嘛！生活在群众之中，更有利于倾听群众反映的意见。"在场的几位苏联代表则不好说什么！仍然表示很不理解，只是摇摇头，笑笑而已。

为了外事活动需要，在上海市领导关心和指导下，市里指定厂领导要给黄宝妹解决住房问题。于是，组织上将厂里第二宿舍中两间房子分配给黄宝妹，比原来环境好、宽敞、舒适。在当时，第二宿舍只有厂里职员方能住进去，而工人都住在第一宿舍。黄宝妹一家高高兴兴地搬进了第二宿舍的新房子，原来在贵阳路的老房子暂时保留着。她一家在第二宿舍住了近半年，当时上海发生一场龙卷风，由于杨浦区受龙卷风影响和破坏较严重，厂里许多人没有房子住，年轻人要结婚没有房子，连工程技术人员也没有房子住。这时，黄宝妹正在北京参加重要会议，得知上海龙卷风灾害，对上棉十七厂威胁很大。她回到上海之后，就同母亲商量，如何为厂里分担困难，应该配合领导解决职工住房问题，决定一家人从第二宿舍搬出来，将好房让给没有房子住的人，于是，全家重新搬回贵阳路的老房子里住。对于黄宝妹的这一行动，当时很多人不理解，甚至有人说："黄宝妹真是傻瓜，把第二宿舍那么好的房子让给别人住。"对此，黄宝妹却说："我本来有房子住的，现在别人有困难，也就是我的困难，我应该将房子让出来，使别人的困难得到解决。"从此，黄宝妹一家在老房子一住就是几十年，直到她退休之后，1999年自己出钱买房子，居住条件方才得到改善，从老房子里搬进杨浦区长阳路的"阳阳公寓"，现在一家四代人住在一起，其乐融融。

黄宝妹不仅将房子让给别人住，而且平时做到见利就让，从来不伸手要好处。尤其在国家困难时期，各种生活用品都凭票供应，每个市民每年只有3尺布票、粮票、油票等，连难得的购买自行车票、缝纫机票、煤油炉子票，班组里发放时，她都让给别人，自己从来不拿一张。工会组织有时规定评为先进生产者轮流到杭州疗休养，指定要黄宝妹参加，有人说：

"黄宝妹响当当的先进生产者应该由她去享受"。但她却再三退让，提出总是让别人去。当她开会时得知国家国库里黄金在国际市场上几乎全部卖掉，纺织工人生产出来棉布大量出口换外汇，向农民征收的粮食，城市只能维持三五天供应时，她一方面积极拼命完成和超额完成生产任务，好以棉纱花布调换人民币，尽快帮国家度过难关；另一方面，国家为了鼓励工人积极性，每年都规定对先进生产者按比例优先增加工资，在评定增加工资时，黄宝妹主动谦让，将名额让给别人。这就是她遵照党的教导，共产党员应该"先天下之忧而忧，后天下之乐而乐"的精神体现。

珍惜荣誉 不怕辛苦

由于黄宝妹为人谦虚，工作出色，群众拥护，1952年4月，她加入了共青团。同年11月，又成了光荣的共产党党员。党团组织对她的教育，使她对人生观、世界观的认知有了全新的视角，把自己与党的事业紧紧地联系在一起，并指引着她的人生航程。这一年，黄宝妹22岁，是人生的金色年华时代。

黄宝妹于1953年、1954年连续被评为全国纺织工业劳动模范，同时，被评为上海市劳动模范；1955年、1958年被评为全国青年社会主义建设积极分子代表；1956年、1959年被评为全国劳动模范。1958年，电影《黄宝妹》在全国上映。面对这些荣誉的光环，她没有自满、停顿，而是继续努力，不断创造出新的成绩。1959年，黄宝妹出席全国群英会，1956年当选为党的八大代表。

青年社會主義建設積極分子章證明書

授予： 黃寶妹 同志

號數：01211

中國新民主主義青年團中央委員會
一九五五年九月

中國新民主主義青年團中央委員會決定頒發的"青年社會主義建設積極分子章"，授予一九五三年以來在各個戰線上獲有優異成績的青年社會主義建設者和祖國保衛者。

黄宝妹（前排右二）于1953年和参加北京
全国纺织工业部劳模表彰会后与17位劳模回沪时合影留念

黄宝妹（左二）1954年参加上海市纺织工业先进生产者座谈会

黄宝妹（后排右三）在1953年第一次被评为华东纺织行业先进团员

黄宝妹（左二）第一次被评为上海市劳模、纺织工业部劳模

　　黄宝妹从一个穷苦人家的孩子，新中国成立后成长为一名纺织工人。她专心学习，刻苦钻研，在学习中创造，使她的技术水平不断提高，始终走在生产的前列，充分表现了共产党员的先锋模范带头作用，她在平凡的岗位做出了不平凡的成绩。改革开放以来，尽管上海的纺织工业顺应潮

流,"壮士断臂",实现了历史性的转型,但是,那个时代的劳模们攻难克坚、勇于创新的精神,是永远值得发扬的,是推动改革开放的精神动力。

黄宝妹的先进事迹,传遍了全国纺织行业,各地纺织厂都派人到上海来学习,有的邀请她去传授经验。1956年,纺织工业部有关领导带队一批劳模到天津、北京、青岛、无锡等地展示实操,收到非常好的效果。纺织工业部重点介绍黄宝妹的两个经验:一是接头;二是包粗纱。这是细纱车间挡车工的两个硬功夫。关于接头,动作要快,每分钟接24个头,而且质量要好,白点少;关于包粗纱,一根粗纱用完了,要接上去,不能有空头,接好后不能有粗有细出来,一寸粗纱可纺30多寸细纱,黄宝妹包粗纱的妙法是"中指分纤维,掌心捻接头",质量好,白点少。

外行看热闹,内行看门道。细纱工看了黄宝妹的接头法和包粗纱的绝招,都赞不绝口,非常佩服,这两项技术很快在棉纺行业的细纱车间得到了推广。到全国各地展示后,就有许多地方派人到上海来学习。他们住在厂里招待所,短的一两天,长的持续一个星期,都是跟着黄宝妹跑巡回,学操作。这些人学习回去后,都成了生产骨干,有的还担任了各级领导干部,她们都记着黄宝妹的先进经验给她们的启发和帮助。

直至黄宝妹退休后,还不断有人找上门来,看望黄宝妹。前几年,浙江金华一个纺织厂的人,找到上海十七棉厂里,说她是黄宝妹的徒弟,特地来看她当年的恩师黄宝妹。20世纪50年代,来上海学习黄宝妹的经验的人很多,报纸上文章说她们是"小黄宝妹",前几年还有人邀请黄宝妹去浙江、安徽做客。

黄宝妹的辛勤劳动和不平凡的事迹,受到大家的尊重,也受到各级领导的关心。1957年,上海市委决定要从劳模中培养干部。纺织系统选了两人。一是国棉二厂的裔式娟同志,提拔为车间党总支副书记;还有一位就是黄宝妹,提拔为厂工会副主席。黄宝妹开始不想赴任,后来在厂党委催促下,才到厂工会报到。她坐在厂工会办公室,开始还真不习惯,老是往车间里跑。厂党委书记对她说,提你当干部,是市里决定的,我们厂里无权改变。有一次,黄宝妹在市里开会,碰到当时的市委书记,便提出要求回车间劳动。书记说:"好哇!好!我双手赞成!"厂部就敲锣打鼓地把黄宝妹送回细纱车间。报纸上也登了消息:"黄宝妹回娘家了!"黄宝妹回车间后,如鱼得水,干劲更足。早班下班后不回家,留在车间里替换中班工人吃夜饭,车间里掀起了比学赶帮超的热潮。当时那种解放思想、敢想敢干的精神,让工人们非常留恋和难以忘怀。

我们的党和国家领导人对各条战线的劳动模范和先进人物,都是非常重视和爱护的,经常用各种形式关怀和鼓励他们。20世纪50年代,中央领导到上海来视察工作,总要召开座谈会,听取各方面反映和要求,黄宝妹常常在被邀请之列。在一次会上,黄宝妹说:"我所取得工作上的进步,离不开领导关心和支持,还有大家的帮助。"全国纺织工会领导亲自到厂里蹲点,提出通过加强企业管理,充分挖掘现有设备潜力,提高半成品质量,使细纱条干均匀达到优级纱,各支棉纱强力度稳定。为此,黄宝妹顾不上吃饭,没日没夜和姐妹一起动脑筋,减少断头,降低白花,提高生产效益。棉纺厂虽说是轻工业,可是各个工种干起来都不轻松。当时有一种说法,叫作"轻工业不轻,重工业不重"。拿棉纺接头来说,黄宝妹每天在纺纱机前,来回走,几乎要走几十公里,中间无法休息,真够辛苦,加上三班倒,上班8个小时里片刻不停,忙碌时连上厕所都没有时间。有时真希望能睡上三天三夜,但没有这个机会,别人下班了,黄宝妹还在那里做机修和清洁工作。

扩大视野　内心自豪

黄宝妹不仅参与了国内的政治活动,而且还走出国门,参与了国际舞台上的外事活动。1954年,黄宝妹随中国"五一"观礼代表团到苏联莫斯科观礼,并到各地参观,到过乌克兰、克里米亚、莫斯科、黑海海滩、水电发电站、农场、克里姆林宫等地方,都受到了热烈欢迎。他们看到拖拉机、电视机等既好奇又兴奋。1959年,世界妇女理事扩大会议在北京召开,上海就派黄宝妹一个人参加会议,一起参加会议的还有王光美、康克清、邓颖超、蔡畅等领导人,讨论的主题是"如何维护妇女的权利"。

黄宝妹（前排左四）等代表参观苏联莫斯科电力发电站

黄宝妹（前排右三）1954年在莫斯科红场留影

黄宝妹（左二）于1954年参加苏联五一国际劳动节，与观礼代表一起跳舞。

随着大规模经济建设的开展，人民生活水平有了很大的提高，上海女性的服装穿着日趋丰富，花式多样，可是黄宝妹仍然一如既往的朴素。她到苏联后看到妇女们无论年龄大小都穿着布拉吉，化着妆，很是漂亮美丽。在俄语中，"布拉吉"就是花布连衣裙的意思。布拉吉是苏联女英雄卓娅所穿的衣服，也是深受苏联红军喜爱的喀秋莎姑娘穿着的服装。

黄宝妹回国后就做了两件布拉吉。她不但穿上了布拉吉，还开始烫起了头发。当时劳动模范是工人阶级的代表，女劳模都穿布拉吉了，一下子就带动起了穿布拉吉的热潮。黄宝妹在生活中成了"布拉吉姑娘",不过也为同行人们带来了不小的困扰。1958年,在捷克的布拉格开会时,黄宝妹代表中国代表团发言,发言后,许多外国人说:中国人真漂亮。因为引人注目,对此,翻译就很担心,说外国人热情高涨时要拥抱接吻的,需要小心。在出门时,翻译把黄宝妹等女士们送到座位上,跳舞时翻译更紧张,因为不能拒绝人家邀请,所以,音乐声一响,翻译就马上和黄宝妹跳舞。当有人要与黄宝妹一起拍照时,大

黄宝妹(前排左一)于1958年参加在布拉格举行的世界青年联盟扩大会议时和友人合影留念

黄宝妹(右一)赴布拉格参加世界青年联盟扩大会议时与部分代表合影

家就一起过来合影。真是绞尽脑汁对付难关，不过，这也成为外交活动中经典有趣的一幕。

1958年，黄宝妹随中国青年代表团到奥地利维也纳参加世界青年联欢节。中国代表团成员加演员一共400多人，先到北京学习一个星期。当时，由于新中国成立不久，之前由于帝国主义的长期封锁，外界对我们国情不够了解，甚至存在误解。因此，领导要求他们出国后要宣传和平友好，扩大新中国影响力。到了维也纳，团长要求他们都要化妆，穿旗袍。这对黄宝妹和不少女团员来说，都是破天荒第一次。但她们还是都认认真真地化了妆，穿上旗袍。

黄宝妹（右二）与著名劳模王崇伦等人参加世界青年联欢节合影

黄宝妹（中间）出席世界青年联欢节在维也纳参观学习

黄宝妹（右二）在维也纳与外国友人合影留念

进入维也纳市区后，奥地利人看到他们都惊奇地说，原来中国人这么漂亮。因为在他们想象中，中国妇女都是小脚，中国男人都留着小辫子、小胡子。代表团坐的大巴，车窗门都打开，外国人看见他们都竖起了大拇指。会议期间，代表团还同各国代表团会见，口号是"要和平，要友好"。在大会组织游行时，他们也是一边走着，一边呼口号，外国人都停下来看他们，说中国人真漂亮。

大会正式开幕时，有些国家的代表团进场时拖拖拉拉，比较松散。当中国代表团踏着整齐的步伐，精神振奋地入场时，全场10万人起立鼓掌，一齐高呼："中国万岁！中国万岁！"当天晚上文艺表演节目时，中国代表团的节目是两条龙，一条是青龙，一条是黄龙，灯光闪闪，"游来游去"，全场轰动，欢呼雀跃，不少外国人看得目瞪口呆，说："太美了，太美了！"新中国名声大振。黄宝妹和团员们也激动得热泪盈眶，作为一名中国人，感到非常自豪，对伟大祖国更加热爱。

在提倡热爱美丽、热爱劳动的年代，好事至今仍然令人难忘记。共青团中央和全国妇联在北京召开过一次研究妇女穿着的座谈会，号召和宣扬年轻妇女打扮得漂亮一些，衣服穿得美一些，以此反映新中国的变化。在报刊上发表文章动员年轻姑娘们："穿起花衣服吧！"劳动模范黄宝妹带头行动，成为美丽时尚的偶像。2010年，导演贾樟柯在拍摄《海上传奇》时曾采访了88位上海现代重要事件的重要亲历人物，其中就有纺织女工黄宝妹，在编导眼中的黄宝妹是20世纪50年代上海的缩影，也成为世界人眼里的中国形象代表。

生产劳动能手　生活丰富多彩

在新社会的鼓舞下，黄宝妹精神上的枷锁解除了，不仅生产上的积极性得到了充分的发挥，而且业余生活也过得丰富多彩，她身体里隐藏着的艺术细胞也逐步绽放出绚丽的色彩。

黄宝妹是上海本地人，对绍兴戏（越剧）情有独钟。她在业余时间经常到附近的胜利大剧院看越剧,在戏散场后,她会在戏院门口等演员出来,一睹她们的风采。特别是碰上演的戏是连续剧,她每集都会去看,例如《白蛇传》《秦香莲》《红楼梦》等,看了还想看。对《红楼梦》更是兴趣十足,她到共舞台看徐玉兰、王文娟演的《红楼梦》,一连看了7遍,还是觉得不过瘾。在那个年代,一场戏要花一元钱,黄宝妹宁可在别的地方省吃俭用,戏是一定要看的。

黄宝妹光看戏觉得不过瘾,还购买了越剧唱本书、磁带,边看边听边学,渐渐地有点入门了,她还参加了厂里的越剧组。

20世纪50年代,提倡文艺下基层,演员下工厂劳动,体验生活,上海越剧院院长袁雪芬还专门到国棉十七厂辅导厂里的越剧组拍戏。还有名演员白杨、秦怡、徐玉兰、王文娟、王丹凤、上官云珠、丁是娥、石筱英、张瑞芳、乔奇、邵宾孙等都到厂里去辅导过,黄宝妹和他(她)们几乎都是老朋友了。黄宝妹还到过王文娟、毕春芳等人家里作客。那些老朋友都称赞黄宝妹有艺术细胞。后来,由谢晋执导的《黄宝妹》电影拍成后,时任文化部领导等和不少人还鼓动黄宝妹"弃工从艺",可她觉得"自己的岗位还是在工厂"。有一次厂里开万人大会,黄宝妹同徐玉兰合作演唱的一段越剧《盘夫索夫》,上海人民广播电台还录了音,在电台上重复播放好多次。

黄宝妹爱唱戏的名声慢慢地传了出去,许多单位都慕名请她去表演。纺织行业女工多,喜欢绍兴戏的人更多,因此,有的厂凡有大型活动,都会请黄宝妹去演唱越剧。连市里召开共青团干部大会,也点名要她来唱一段绍兴戏;甚至上海越剧院也请黄宝妹去表演,黄宝妹不客气,在"关公面前舞大刀",唱了"三盖衣",不少人说她的唱腔真有点金采风的味。有一次,演员周宝奎同黄宝妹合唱"手心手背都是肉",边唱边指出黄宝妹唱腔中的不足之处,后来黄宝妹越唱越像。2012年,江苏大丰邀请一批老劳模去旅游,过重阳节,黄宝妹也去了,她还为大家演唱了一段越剧。

黄宝妹爱好文娱活动,不仅丰富了她的精神生活,而且作为全国劳模,也加强了同群众的联系。黄宝妹评为全国劳模之后,领导经常教育她："你是全国劳模，是来自群众，所以，不能脱离群众；而且你还是共产党员，更要带动群众一起前进。"因此，黄宝妹除了对组里群众进行家访、技术上结对子等之外，还把参加文娱活动作为联系群众的一个渠道。所以，厂里只要举办群众性的舞会、联欢会，她都积极参加。

黄宝妹不仅戏唱得好，而且舞也跳得好，不仅在厂里，而且在参加市里和中央的一些活动中，舞场上都有她的身影。

第三章

无合同的徒弟

上海电视台新闻综合频道曾多次播放"上海故事——师徒情深"节目；具体叙述了发生在普通人中间的最平常而最珍贵的新颖相互关系，也是一个未签合同的师徒关系。其中重点阐述了黄宝妹与其他纺织女工互教互帮，互相交流，热情指导，认真学习，严于律己，严师出高徒的生动事例。这种师徒关系是新中国特有的，它有力地推动了纺织业在经济发展中促进社会进步的作用，是人类科学技术传承的重要途径。

既是师父　又是徒弟

长期在细纱车上操作，黄宝妹摸索了一套"细纱挡车工逐锭检修工作法"，打破了挡车工只管操作常规，使自己成为既是师傅又是学习机修工的徒弟。其实她原来所在车间，是全厂出名的"老爷机器"车间，纺出来的纱质量差，两级纱比例很高，常常影响全厂质量指标的完成，而两级纱织出来的布上市场后当然不受欢迎。当时车间有一位老工人袁小妹曾经做到在老爷细纱车上捉两级纱，积累了工作经验，一方面黄宝妹虚心学习这个经验，推广这个经验；另一方面，帮大家把两级纱一只一只捉出来，不让它溜到织布车间织次布。

对此，黄宝妹心里很高兴，但在把两级纱捉到后，应由副工长负责及时安排机修工来修理锭子，但由于机修工人手少，修理这台车停了那车，常常没有人来修理，这样势必出现第2只、第3只……两级纱继续产出。这时，黄宝妹认为：挡车工单从操作上消灭两级纱的做法，已经不适应生产发展流程的需要。正巧，有一天机修工为了迎接职工代表会议的召开，安排将所有细纱车进行一次突击检修，当夜纺出来的全是优级纱，没有一只两级纱。第二天由于没有机修工来检修机器，当天两级纱成批出现了，又一次充分证明检修机器是阻止两级纱出现的关键。这时，黄宝妹忽然想起党委书记和工会主席对她讲的话："你们挡车工单纯捉两级纱，不是积极的办法，提高纺纱质量，应该动脑筋、想办法、找原因、议措施、学技术。"她便下决心，打破挡车工只管操作的老规矩，掌握机器性能，学习检修技术，全组姐妹在黄宝妹带动下，拜轮班长和机修工为师，利用休息时间，学习如何修车，经过一个多月的学习，黄宝妹和班组里挡车工丁桂英等人，已经学会检修歪锭子、红芯子和皮辊花机件等的基本方法，从而她们开始在自己的车子上试行逐锭检修机台的工作方法，并在全厂及全市纺织行业全面推广，不仅真正做到既是师傅又是徒弟，而且为纺织行业创新发展迈开新的步伐，使纺织业生产和质量跃上新台阶。

善于交流　注意总结

　　身穿短袖花布衬衫的黄宝妹正在教徒弟，讲解细纱挡车工巡回的预见性、计划性、灵活性，主要内容是清洁、换粗纱、处理断头等，突然有人打断她的话问："师父，路远的跑过去接断头，时间来得及吗？"她耐心地回答："处理断头要先近后远，为了避免浪费时间，40锭以外的可不处理，掌握好时间，合理安排好，动作要轻巧……"话尚未说完，厂党委派人来通知黄宝妹说，江苏无锡一家棉纺厂，打了长途电话邀请她去操作表演。黄宝妹接着仔细地看了通知，心里既急又喜，还有点愁。急的是眼下带教小方（方瑶华），她还未掌握要领；喜的是到无锡去是一次向兄弟厂学习的机会；愁的是恐怕操作表演不好，不能满足人家的要求。心里想着："我这次赴无锡重点应放在向兄弟厂学习上。"于是，她便答应下来。第二天，黄宝妹要去无锡，站在一旁的小方急坏了："我们怎么办？"黄宝妹一边做准备，一边对小方说："回班组按我教你的程序，坚持继续练包卷。班组读报时，你给大家讲讲操作经验不是我们独有的，应该让它到处开花结果。这次我到无锡去，虽然给班组增加点困难，组织大家共同克服吧，把方便让给别人，困难留给自己，这是我们应该做的，何况还可以把人家先进经验带回来。"第二天到了无锡，黄宝妹刚步出车站，对方厂领导便热情地迎上来，安排她上车送到厂里接待室。只见厂大门口还贴着"热烈欢迎全国劳模黄宝妹来厂传经送宝"的大幅标语。正在黄宝妹激动时，车间里姐妹都跑出来欢迎，她便跑上前去与大家握手、问好！

　　这天下午，天高气爽，3个班的细纱挡车工喜气洋洋，争前恐后地向黄宝妹学习取经。待黄宝妹穿好工作服、戴上工作帽，熟悉了一下细纱机性能，就开始跑巡回了。这时，车子两旁及车头边有几十双眼睛紧紧盯着黄宝妹的双手，细看她操作的每一个动作……有的人看不见，就搬了长凳，站在凳子上看。车间领导只能拉上一根绳子，以防拥挤，好使大家都能看到黄宝妹的操作表演。有2个挡车工为了要看清黄宝妹操作，等她跑到车头时，成心扯断纱头，让黄宝妹重新跑到车头来再表演一次

黄宝妹交流操作经验（上下）

接头，黄宝妹暗暗佩服该厂工人虚心好学的精神。这种学习劲头，我一定要把它带回去，成为我们互相学习的动力。黄宝妹表演完，刚刚走出车间，几个姐妹主动上前拖住她，恳求她再表演一次接头的7个动作，还要她解释怎样接才能解决断头。当黄宝妹毫无保留地手把手将窍门交给她们时，姐妹们紧紧握住黄宝妹双手，久久不放。

当黄宝妹回到上海，第二天上班，早就见到车间里黑板报上写着无锡厂里写来的感谢信。信中热情洋溢地赞扬黄宝妹发扬风格，送宝上门，在百忙中到该厂传播新经验，使他们学到很多先进的操作经验，掌握了新的操作技术，并表示互相学习，共同奋进，在不同地区努力为发展纺织工业作贡献。

黄宝妹高高兴兴地回到岗位上开始新的探索。

严师出高徒　爱徒遍天下

退休后的一天，在家的黄宝妹忽然接到厂退管会打来的电话说："有一位来自浙江兰溪棉纺厂自称是你徒弟的女同志来看你，据她说已来过几次找过你，因上棉十七厂已转型未找到，所以，她到我们退管会找你，能否把你的电话告诉她？"黄宝妹听了后，思前想后，想不起浙江兰溪棉纺厂还有这样一个徒弟。这不是说黄宝妹的记性不好，也不是黄宝妹不念师徒之情，而是因为黄宝妹自从1953年以来，由于她学习、丰富、充实、发展了"郝建秀工作法"，在纺织战线上创造了优异的成绩，为国家和人民作出了许多贡献而被评为全国劳动模范后，她的先进事迹在全国报纸、刊物反复报道，尤其是电影《黄宝妹》在全国各地的放映，她的名声家喻户晓。全国的纺织行业为了提高企业产品质量与产量，曾纷纷派出学习团队到上棉十七厂向黄宝妹学习先进的细纱操作技术。学习的人员真是不计其数，有的来自江浙两省，也有安徽、山东、新疆、内蒙古……这些学习团队来到上棉十七厂后，吃、住在厂里，上班跟随黄宝妹到车间学习她的单项动作与全项巡回路线，学会了回到本企业发挥作用，就是本车间凡是新进来的纺织女工都要经过黄宝妹的严格培训，因此，黄宝妹教的徒弟简直是数不胜数，也没有签过什么师傅合同，再说已经时隔这么多年了，她怎能记得浙江兰溪棉纺厂还有这样一位徒弟呢？

在旧社会，师傅怕"带出徒弟，饿死自己"，因此，在传授技术时，师父不肯真诚地教徒弟学技术，总是"留一手"，而当徒弟学习技术时总是小心翼翼，千方百计偷着学，这都是因为旧社会的生产关系和生产力的缘故所造成的。

而新中国成立后，工人翻身做了主人，这种生产关系和生产力发生了翻天覆地的变化。为了培养更多的新生力量，生产领域也涌现了一种新型的师徒关系。黄宝妹带徒弟正如她本厂的徒弟邵丽君讲的那样："黄宝妹与徒弟们的关系纯属于一种无私的、奉献的、高尚的关系。黄宝妹把自己所掌握的细纱操作技术，毫无保留地传授给凡是愿意学习的徒弟们，并主动地、热情地、手把手地希望徒弟们快点学好本领掌握技术，早日回单位，为国家、为人民作出贡献。"

黄宝妹经常挂在嘴边的一句话："一朵鲜花不是春，万紫千红才是春；一人红，红一点；大家红，红一片。社会主义建设靠大家，只有靠大家的努力才能把社会主义建设好。"因此，她对徒弟们传授细纱操作技术既全面又严格，如发现徒弟一个动作不对，她就要找徒弟重新做过，直到做好为止。

黄宝妹教徒弟首先教她们细纱接头、换粗纱包卷这两项单项动作。细纱接头的5个动作要求是一气呵成，不允许有半点停顿，不能有丝毫马虎，讲究的是连贯性、准确性，否则就接不上头，影响速度和质量，多出白花，造成浪费。

换粗纱包卷要5个动作，连贯而具有可操作性，保证包卷质量稳定，细纱才能纺得均匀，因为这是细纱操作最基本的而又最主要的。如要提高速度，提高细纱接头质量，降低浪费，少出白花，掌握这两项单项动作是远远不够的，还要讲究6~8分钟的细纱按车全项巡回路线。细纱挡车全项巡回路线要做到进车间弄堂用眼看，先看左边从近到远，再看右边从远到近，两百只锭子有多少断头，有多少粗纱锭子要换，这样就知道有多少工作量。为此，黄宝妹在有了预见性的基础上总结了"三先三后"的全项操作经验。

先易后难：如有两根断头，就要先接容易接的断头，再处理搅皮辊，绕罗拉上的断头，否则就要多出白花。

先近后远：走进弄堂先做身边的事，边走边做，一路走过去不走回头路。

先紧急后一般：先处理紧急的事项，漂头、绕皮辊等，后做一般事项，接头换粗纱。

此外，黄宝妹还在接头的实践中悟出了巡回还要做到以下"三性"：

预见性：预见挡车的弄堂需要换多少粗纱，接几根头，可能发生的情况做到心中有数。

灵活性：进弄堂时，应用目光环顾四周，遇到紧急情况，如绕皮、绕罗拉和漂白花要抢先进行处理。

计划性：跑弄堂时，接好头。做到心中有数换好粗纱的同时，综合做清洁工作，擦摇架，清洁罗拉，清洁车面，扫地，让纱头不落地，白花不落地。粗纱、细纱、铜管不落地。

因此，细纱车间的细纱接头换粗纱包卷，跑巡回路线是细纱挡车的最主要的单项操作与全项操作技术。黄宝妹认真授课，严格要求，方法生动，理论知识结合实际操作，易学易记，言传身教。徒弟们认真学习，一批批徒弟学会学好后，回到了自己的生产岗位，努力为国家、为人民创造出更多的财富。

"一分辛苦，一分收获"，黄宝妹的辛勤教徒、无私奉献精神使徒弟们技术大有长进，很多人回到本单位后因生产突出，成绩优异，被评上了先进生产者、劳动模范。如浙江兰溪棉纺厂、浙江萧山棉纺厂、杭州棉纺厂及本厂的徒弟方瑶华、邵丽君等。其中安徽学习团队中的徒弟韩彩英，来厂后跟随黄宝妹到车间学习两周多时间，她的细纱操作，每个动作都能做到与黄宝妹一模一样。学会后回到纱厂，上岗一年半，安徽省报刊登了有关她的事迹，美称她为安徽的"小黄宝妹"。

1986年，黄宝妹到安徽蚌埠调研，合肥纺织工业厅知道后邀请她到合肥做客。韩彩英听说黄师傅要来便亲自接待。此时的韩彩英已当上了安徽省纺织工业厅副厅长。俗话说，"一日为师，终身为父"。晚上，韩彩英带着儿子一起到宾馆陪伴黄宝妹深谈到黎明。

教得细心耐心　　学得认真起劲

方瑶华开诚布公地说，黄宝妹给我的印象是——热情开朗、平易近人、事业心强，做事肯动脑筋，对技术不仅刻苦钻研，而且还善于摸索、总结经验，是个乐于助人的良师益友。方瑶华还兴致勃勃地回忆说，记得是在1977年，社会上掀起和恢复各类技术比武、操作练兵的风气。我们纺织行业也开展了"比、学、赶、帮"学技术的活动。当时，我的师傅黄宝妹在生产技术科担任操作技术员，针对细纱挡车工经常出现的包卷质量差、技术不到位的问题，积极地将自己的操作法的生产经验言传身教，手把手地教我们，耐心细致地讲解操作要领，直到教你领会和掌握为止。

在学习包卷法的过程中，方瑶华是学得最好的一个。人称是最像黄师傅，是黄宝妹的好徒弟，得到了黄师傅的特别关爱和指导。在黄师傅的带领下，方瑶华的包卷技术弥补了原来操作上的不足，在全厂首届操作运动会上以最好的成绩夺得第一名,由此她获得了棉纺行业操作能手的光荣称号。

后来,在上海纺织工学院举行首届操作运动会,方瑶华又获得了参赛资格。荣誉的获得倾注了黄宝妹的心血。在参赛前,黄宝妹特地为方瑶华制定了一份参赛培训计划,亲临现场对方瑶华进行技术指导帮助,见其在测定细纱机操作好做的车子弄堂里悠闲地跑巡回,不禁使人担忧,在比赛时遇到难做的活怎么办?于是,她跑进弄堂,这儿拉断几根头,那儿把摇架掀起,故意设置障碍,悠闲的状态,一下子变得紧张起来,手脚也忙乱了,巡回时间也超过了,达不到先进要求。于是,黄宝妹帮她仔细分析遇到的问题,手把手教方瑶华应对的方法,语重心长地对方瑶华说:"作为选手,只有在最困难的情况下,磨练自己,才能练得出过硬本领、真功夫。"方瑶华完全理解了师傅的用心良苦。

在黄师傅的精心帮教下,方瑶华的技术水平像温度计掉进热水瓶——直线上升,并且在上海纺织系统首届操运会上一举夺得细纱挡车、细支纱的亚军,时任纺织部部长的郝建秀亲自为她颁奖。打这以后,方瑶华的荣誉接踵而来,先后获得了上海纺织局先进生产者个人,纺织局优秀党员,上海市三八红旗手,还成了棉纺行业操作能手尖子队的成员,并代表上海纺织操作能手参加上海市和外省市的经验交流和巡回表演。事后,方瑶华逢人便说:"我取得的成绩和荣誉都离不开黄师傅的辛勤培育。"

黄宝妹在生产实践中创造的粗纱包卷法得到了行业内的一致好评和认可。纺织行业在全市推广了黄宝妹的这一方法后,许多兄弟厂来邀请黄师傅到厂传授经验。方瑶华也跟随黄师傅去各家纺织厂传授包卷技术。方瑶华动手做示范,黄宝妹在旁讲解动作要领,不厌其烦地一遍又一遍讲(退要松散,分丝要均匀,扯头手掌行,拉头笔尖行,搭头要恰当,包卷后要回捻),她用自己独特的讲解方法,使人容易理解和接受。有时还不停地帮着纠正不规范的动作。许多姐妹在学习粗纱包卷法中知道黄宝妹有技术水平,但她没架子,易亲近,无愧劳动模范的光荣称号。

黄宝妹在推广粗纱包卷法时,每到一个纺织厂都受到像贵宾一样的接待,厂长亲自到厂门口迎接,挡车女工都争相要目睹劳模黄宝妹的风采,那个热闹场面真叫人感动。在这个动力的感召下,小方在推广黄宝妹的粗纱包卷法时更加有劲,她认为当黄宝妹的徒弟也光荣,有责任要推广好操作法,让黄宝妹的高超技术得到最广泛应用,从而达到提高操作水平、提高产品质量的目的。

回顾和黄宝妹在一起的许多往事,真叫人感慨万千。方瑶华深有体会地说:"在黄宝妹的身上学到了对工作极端认真负责的态度,学到无论做什么事情都要动脑筋,敢闯敢干,善于总结,追求完善的精神,更学到了黄宝妹那宽大的胸怀,大气的风度和无私地将技术传授给他们的崇高思想境界。"

方瑶华把师父的精神运用到工作学习中。她清楚地记得离开生产岗位去读书时的情景。当时,黄宝妹万般不舍,嘱咐的话语时常环绕在耳边。"小方啊,你可要好好读书,为我们挡车女工争光争气啊!"读书回来后,她走上了生产管理的领导岗位,永不忘记黄宝妹的期望,传承黄宝妹的精神,把车间各项工作搞得有板有眼、有声有色。她所管理的三纺细纱车间,被评为上海市劳模集体。她还学着黄师傅当时的方法,培训操作能手,先后有两名成了市劳模,这一切应该归功于黄宝妹师傅的教诲。方瑶华退休后,也像黄宝妹一样在教育领域里努力工作,为培养下一代辛勤地耕耘,并以黄宝妹精神为榜样,活到老,学到老,有一人分热,发一分光。

黄宝妹(右二)与上海国棉二厂裔弌娟、王桂英等交流操作技能

黄宝妹和姐妹们相互交流操作经验

黄宝妹等在杭州向同行学习时留影

黄宝妹（右四）在检查接头质量并和姐妹探讨接头方法

第四章

多次见到毛主席

风华正茂的黄宝妹在20世纪50年代，青春似火，志高气昂。她不仅成为生产能手，而且生活也丰富多彩，经常在班组会上带领大家唱歌跳舞。他们最爱唱的歌、最爱听的歌是一首"东方红，太阳升，中国出了个毛泽东"。尽管她做梦也想见到中国人民的伟大领袖毛泽东，但她总是只能从报纸杂志或者电影纪录片中看到毛主席的光辉形象，作为一个普通纺织工人，要想见到领袖毛主席，当然只能是个"梦想"，但黄宝妹终于实现了这个"美梦"。她在参加许多次全国性会议中，先后八次见到了毛主席，每次都受到了深刻的教育和巨大的鼓舞。她深有体会地说："新中国的领袖带头与平民百姓打成一片，真正体现我们工人当家做主人，翻身不能忘记共产党。"

第一次见到毛主席

1955年初，新中国诞生伊始，百废待兴，经济正在蒸蒸日上地发展，但遇到农业歉收，市场上原棉比较紧张，领导要求在原棉中掺用一部分质量差的黄棉花，这就给纺织女工操作带来了困难，活难做，纱的断头多，白花更多，如何减少断头，少出白花呢？关键是要做好清洁工作。黄宝妹因此练得一手勤跑巡回，多做清洁工作的绝招。她每天将原来捲车面增加次数，这样断头多的毛病被治好了，白花也少出。于是从班组到全厂推广黄宝妹工作经验，这样一天下来，虽然人感到有些累，但效果很显著，不仅断头减少，而且每个班白花比原来少出七百多两，这是一个了不起的业绩。就在这年9月，黄宝妹当选为全国青年社会主义建设积极分子，姐妹们敲锣打鼓，兴高采烈地欢送她参加在北京召开的"全国青年社会主义建设积极分子大会"。参加会议的上海代表团团长是当时的共青团上海市委书记李琦涛，出席会议的代表有上钢三厂青年炉长韩忻亮、江南造船厂邬显康等四五十个人。在开会的前一天接到通知，会议期间安排毛主席在怀仁堂接见全体代表，这使大家乐开了怀，晚餐时洋溢着欢声笑语，每个人手舞足蹈，兴奋得整夜不能入睡。

黄宝妹同大家的心情一样，兴奋得彻夜难眠。她在旧社会的苦难生活，一幕一幕地在她脑子里像电影一样重现。在那苦难的岁月，她多么渴望着美好的生活，人生的自由，可是，残酷的现实摧毁了心里的梦想。解放了，以毛主席为代表的共产党人把她从苦海里救了出来。明天就要亲眼看到日思夜想的伟大领袖毛主席，这是她人生中最美好的日子。翌日一早，男士们穿着整齐，姑娘们打扮得漂漂亮亮，迈着轻快的脚步来到会场等候。只见毛主席健步走到舞台中央，他老人家身材魁梧、容光焕发。会场顿时响起了雷鸣般的掌声，大家激动地高呼："毛主席万岁！"口号声此起彼落响彻整个会议大厅。这时，黄宝妹心情激动得热泪直流。心想："我一个黄毛丫头，现今能见到国家最高领导人，真太幸福了。"当毛主席站着向大家频频挥手时，大家感到格外幸福，热泪流个不停，双手鼓掌不息。从此，黄宝妹怀着感激之情，"一心要多纺纱，纺好纱，报答共产党和毛主席"。她永远也不会忘记这个幸福时刻，让她日后始终保持满腔激情、努力奋斗。

聆听毛主席的教导

1956年的新春，黄宝妹参加中国共产党第八次全国代表大会（简称"八大"），这对于黄宝妹来说，是一生中最重要的大事。一个纺织女工，普通的共产党员，能当上党的"八大"代表，同党的最高领导人一起开会，讨论全党大事，当面聆听毛主席的讲话，不仅是一种莫大的荣誉，而且是一种历史责任。毛主席的讲话，对黄宝妹是一生受用的，也是终生难忘的。现在回忆起来，还是激动不已，成为她不断进步的动力。她牢记在"八大"会上毛主席的教导。在生动的讲话中，毛主席举了许多中外例子，深入浅出地诠释了解放思想这个问题的历史意义和现实意义。

毛主席还教育大家不要妄自菲薄。他说道，列宁说的、做的许多东西都超过了马克思，还有许多创造、发展。我们做的也有许多已经超过了马克思。十月革命是列宁做的，马克思没有做过，中国革命这样大的革命，马克思也没有做过。中国理论水平不高，但可以努力学习，不要妄自菲薄，看不起自己。毛主席还幽默地说，我们是住在天上。我们在地球上看别的天体，他们是天上。但是，别的天体上看我们地球也是在天上，整个宇宙，到处都是在天上，又在地上。毛主席讲到要敢于创造，发挥青年的创造性的问题。这对于黄宝妹来说，同上面讲的问题一样，都有切身的体会。

更让黄宝妹感动和鼓舞的是毛主席举了纺织工人的例子。毛主席说道，有一个青岛的工人郝建秀，她18岁就创造了一种纺纱的方法（即"郝建秀工作法"）。毛主席说道，我们共产党人，一方面要敢说、敢想、敢做，要大胆创造；另一方面，即使我们的工作得到极其伟大的成绩，也没有任何值得骄傲自大的理由，"虚心使人进步，骄傲使人落后"，我们应当记住这个真理。

会上，毛主席还讲到关于密切联系群众的问题。我们的同志要跟群众联系，要以普通劳动者姿态出现，要让群众的思想感情在我们的脑子里扎根，否则我们就容易动摇，脱离群众。按照理论与实践相统一的基本原理，是理论来源于实践，以后又为实践服务。我们要在政治上不犯错误，发展理论，指导实践，只能从实践中得来，不能从别的地方得来。老是不出门，离开了实践，不能创造出理论来。毛主席的这些教导，不仅在当时的社会主义建设时期有重要的指导意义，即使对现在，也有很强的针对性，值得我们各级领导和共产党员深思和身体力行。会议休息时，在怀仁堂，黄宝妹等代表们参观了第一辆中国制造的"红旗牌"轿车，代表们谈笑风生。

还有让黄宝妹深受鼓舞的是毛主席讲到我们国家的发展速度的问题。就在党的"八大"召开之后的几年里，我们国家第一颗原子弹就爆炸了，打破了外国的核垄断，让全世界对我们刮目相看。中国这么大，人口这么多，这些人要做事，不仅是搞工业、搞农业、搞科学文化，集中力量发展社会生产力，还要满足人民日益增长的物质和文化需求，以后我们有了现代化的工业、农业、科学文化，成了现代化的大强国。中国应该成为世界上的强国。现今，我们的国家经过40多年改革、开放、建设，已经成为世界第二大经济体强国。黄宝妹每当想起毛主席说的这些深刻的、富有哲理性的教导，就会感到无比的欣慰和自豪。

坐在毛主席的身边

记得在1960年初冬，毛泽东主席来上海视察。此时人民正在欢度节日之际，邀请各界代表性人士在上海展览中心（当时叫中苏友好大厦）欢聚和座谈，黄宝妹也在受邀之列。那天，黄宝妹刚上完夜班回家休息，正在熟睡之时被叫醒，通知她出席市里座谈会，她顾不上吃饭便急忙乘公交车去了，但还是迟到了几分钟，副市长刘述周同志专门在门口等候她。当黄宝妹进入友谊会场时，只见毛主席、陈毅市长踩着大红地毯，身靠红绸帷幕地站在那里，他们微笑着伸出双手与黄宝妹握手，然后，黄宝妹跟陈毅市长走到一个小圆桌旁边。陈毅市长向毛主席介绍："这是上海的劳动英雄黄宝妹。"毛主席见她很拘谨，还站在那里，笑着对她说："坐，坐！坐！"于是，她紧靠着毛主席身边在一张圆台坐下。毛主席问黄宝妹："你做什么工作？"她即回答："我是纺织细纱挡车工。"毛主席接着说："纺织工人很光荣！让全国人民有衣穿，责任很重大。"这时，黄宝妹觉得一股热流涌上心头，激动得半天说不出话来，双眼蹦出了泪水。以后她对毛泽东主席说的"让全国人民有衣穿"的教导充满信心、奋发工作。晚饭后，大家陪同毛主席一起在礼堂观看"小放牛"等折子戏。毛主席看戏也很认真，一边看戏，一边阅读说明书。可是黄宝妹哪有心思看戏，她坐在紧靠毛主席后面一排，仔细看毛主席身上穿的烟灰色的中山装，衣服已经褪色，脚上穿的是一双褪色的皮鞋，黄宝妹心想：一个国家的最高领导人，穿着真够朴素的啊！会议结束，黄宝妹在回家路上心情难以平静，想起周围许多工人家庭开始在家里墙上贴着毛泽东主席像，两旁贴上红色对联："听毛主席话，跟共产党走"，这正是她的心声。

难忘毛主席的恩情

1955年12月底的一天，第十七棉纺厂通知黄宝妹出席一个座谈会，并说会议重要不得无故迟到。这次会议是毛主席和市委领导同志共同召开的。参加座谈会的大都是上海工业系统来的工人代表，有三四十人。会议隆重，市领导一个个向毛主席作介绍，毛主席频频点头微笑。

等大家都坐下后，毛主席亲切地问道：你们在座的有几位是工程师？有几位是大学毕业的？当即并没有人马上回答，沉思片刻，黄宝妹等人都异口同声回答："我们都不是。"这时，毛主席脸上笑容逐渐消失了。毛主席说道，"我们今后要选拔一批优秀工人当工程师，造就艺术家、作家、科学家；我们还要从工人中选拔一批优秀分子去读大学，让他们掌握科学知识，更好地发挥他们的聪明才智"。毛主席还鼓励我们说："你们青年工人要好好学习，今天好好学习，就是为了明天更好地工作，更好地创造。"黄宝妹听了毛主席的话，内心十分激动。毛主席为我们年轻人指出如何前进和努力的方向，心里更加亮堂，目标更加明确。我们决不辜负毛主席的期望。座谈会结束了，会场里又响起了一阵掌声，这掌声是为毛主席关心工人表示感谢和欢送的掌声；这掌声也是与会代表决心为建设伟大的社会主义祖国服务、奉献自己青春的掌声。

谈起所参加的各种会议，黄宝妹深深体会到工人真正当家做了主。毛主席和老一辈革命家的恩情永远不能忘记。记得一次在北京开会，会后安排大家观看电影《万水千山》，黄宝妹很荣幸地和政协副主席邓颖超坐在同一排。第二天晚上，军委总政文工团在三道门会议厅组织舞会，周总理、贺龙等老领导也都来参加了。最为高兴的是，黄宝妹和周总理进行了交流。事后黄宝妹深有感触地说：和总理在一起，既自然亲近，又很轻松愉快。

开会不单是听领导报告，还有参观学习活动。如赴京开会，他们参观了新建的核电站和卢沟桥，看到了祖国科学的发展，深受革命教育。黄宝妹回忆起解放初期，从当上杨浦区人民代表，市人民代表及后来到北京开会以来，在每次会议上，大家都是主角，人人可以畅所欲言，对党和政府工作提出意见和建议。黄宝妹记得在一次人大开会时，杨浦区几位代表提出当时杨浦区工厂集中，工人购物很不方便，文化娱乐设施较少的意见，市委和市政府领导十分重视，不久，沪东工人文化宫、第三百货商店等先后建成使用，使杨浦区既繁荣市场，又为工人、百姓带来了生活方便和欢乐。

第五章

拍电影的故事

黄宝妹在20世纪50年代的先进事迹被搬上了银幕，从此，她成为闻名全国的工人影星。一个纺织女工怎么会想到自己的事迹和形象有朝一日会搬上银幕呢？而且还是"自己演自己"呢？这不是天方夜谭吗？这事说来话长。开始，黄宝妹心想如果能把纺织女工生产和生活拍成影片，反映我们党和国家对纺织行业和纺织女工的关怀和重视，这是纺织系统的骄傲，也是我们纺织女工的光荣。这在旧社会是完全不可能的事情，纺织女工受尽了剥削和工头欺压，那时工人没有地位，没有尊严可讲。新中国成立后，在党的领导下，工人真正当家做主人的前提下，才有可能把纺织女工的形象搬上银幕。

一位导演亲自上门面试

当年，周恩来总理到上海来视察工作时说：上海的劳模、英雄很多，电影系统应该拍一部反映劳模题材的电影，以真人真事纪录片的形式，表现我们伟大的时代，伟大的人民。

上海市委经过认真讨论，决定围绕黄宝妹的经历拍一部电影。当天马电影制片厂接到任务时，就让刚刚拍完成名作《女篮五号》的谢晋执导，并向谢晋推荐黄宝妹主演。然而，黄宝妹能否胜任，最后面试后由谢晋决定。

1958年初夏的一天，黄宝妹刚上完夜班，在家里休息。厂党委派宣传干事蒋永康同志领着谢晋到她家里，因第一次见面，开始只是问问家事和聊聊工作，但谈得很愉快。在交谈将要结束时，蒋永康对黄宝妹说："谢导来是要把你的事迹编成剧本、拍成电影。"黄宝妹当场回答说："我很平常，我没有什么事迹值得编成剧本、拍成电影的。"谢导很诚恳地说："我们不但要把你的事迹编成剧本拍成电影，还考虑让你当主角。"这可把黄宝妹急坏了，连忙摇头说："我不行，从来没有演过戏，让我上银幕哪能行？"但谢晋鼓励她说："不要怕嘛，试试看吧。你自己演自己的戏，拍成影片会有更大说服力啊！"谢导与黄宝妹前后见面时间不到

20分钟，这场简短的对话和聊天的过程，实际上就是一次面试。黄宝妹给谢晋留下了极为深刻的印象：黄宝妹是一个普通的劳动者，和蔼可亲、谦虚，可以当个演员。于是，谢导便决定让黄宝妹当主角。

按照拍摄的要求，天马电影制片厂在谢导的安排下，紧锣密鼓地开展了工作。首先，建立编剧组采访和搜集先进事迹，开展创作工作。在不断地和黄宝妹交谈及与黄宝妹有关的人物接触中，虽然很快地掌握不少材料，但从编剧和导演角度来看，还是黄宝妹本人说得对，"她很平常"，编写人员在编剧时，觉得没有想象的那样，全国劳模一定会有"可歌可泣的""震天动地""惊人的与众不同"的奇迹及感人的故事。黄宝妹只是一个普通纺织女工，她数年如一日地在细纱机上认真劳动。如果按编剧要求和法则来衡量，显然是材料"太平"，没有故事的戏剧性。编写人员认为过去遇到这种情况"戏不够"，就拿自己东西去"凑"，而影片《黄宝妹》是写"真人真事"的。

其实，黄宝妹的很多事迹，说起来是很平凡，但要真正做到却很不简单。如果写出来拍成电影，观众一定会深受教育。于是，编剧信心十足，决定什么感受最深就写什么。其次，如何完成这个任务呢？一个纺织厂的细纱挡车工，又如何演好自己的角色呢？经过讨论，电影剧本由创作组加工完成，剧组从各车间挑选各类文娱活动的积极分子，其他还有书记、厂长、技术人员、车间主任等人。他们大多是不脱产的参加拍戏，全都是"自己演自己"，主要是体现和反映新人、新事的特点。

演戏拍电影，对黄宝妹来说是很有难度的，开始她一直担心，抱着"试试看"的态度。经过再三说服动员，还是感到思想负担很重，但后来她慢慢想到这是组织上对她的信任，让她当主演，一定要克服思想上的"难与怕"，才能演好自己。然而做演员、拍电影不像日常生活，黄宝妹一上场就乱了手脚，怎么也不行。第一天拍摄就不顺利。如：第一天先拍大扫除、做清洁工作，从开始到停机，一场戏连续拍了8次。一次不行再来一次，反反复复同一个姿势要拍多次，真叫人心烦头疼呀！眼看胶卷吱吱地走，一次又一次地重拍。由于太紧张，人特别累。黄宝妹回忆说："第一天拍下来，人吃力得要命，远比在车间里干活累，人也站

黄宝妹在生产现场传达党的"八大"会议精神（剧照）

黄宝妹在认真学习先进经验（剧照）

不起来，浑身上下感到没有力气。"但谢导一直鼓励她说："你不要太紧张，要像平时干活一样自然。"黄宝妹心想，哪有那么容易？平时干活习惯了，一点不累，做每个动作都很自然，可是一到开机拍，几万支灯光一来，摄像机在那里扫射，人就浑身不自在了，连路也走不好，脚也软了，连平时最拿手的接头动作，也接不好了，心里更加着急，常常接空头、断头纱多了起来。对此，导演以为她怕麻烦，其实黄宝妹说："不是我怕麻烦，而是光出废品，怎么行呢？浪费不太好，胶卷损失过大。"谢导耐心地说："片子拍好了，这些耗费可以弥补，如片子拍不好，浪费会更大。接一根接头有7个动作，每个动作都拍好几次，一遍又一遍重拍，一部影片有好多动作要拍多少遍呀！"还有，在转换镜头、暂停的间隙，黄宝妹不是忙着补接头，就是与周围工人打招呼，担心别人会不会认为

"自己上银幕了,架子大起来了"。导演好像看透了她的心思,在拍摄过程中常提示她注意力要集中,不要管人家。厂领导也安慰她说:"人家不会这样看的,如果有这种想法,我们会加以解释。"导演的提示和领导的安慰,打消了她的"三怕"想法,使她一心一意投入到拍摄中去,逐步按导演的要求进入了角色。

演电影要背台词,这对纺织女工来说是一个大难题。黄宝妹说:"台词记不住,前读后忘记,怎么办呢?自己只好笨鸟先飞,没日没夜地背、坚持不懈地背呀!"对此,谢导演总是加以安慰:"没关系,别太紧张,功到自然成,你能演好的。"在戏里参加拍摄的演员除了扮演女记者的是专业演员外,其他都是厂里的纺织女工。她们在导演的耐心指导和鼓励下,渐渐地进入角色。经过2个多月的努力,出色地完成了50分钟的《黄宝妹》影片。这次拍摄电影的实践,使黄宝妹体会到自己不仅拍了一次电影,还完成了组织上交给她的宣传纺织女工劳动创造奇迹的光荣任务。

一部影片成功的秘密

当时拍这部电影,厂领导很重视,做到拍电影和生产两不误。影片里大多数镜头是在厂里四车间拍的,车间没有因拍电影而停止生产,只是把车间旁边二排车弄堂专门用作拍摄场地。所有演员都集中在这个区域里,摄像机也就对着这一块。车间里其他工人都照常工作,领导还经常到现场关心大家生活,不是送来毛巾,就是送酸梅汤。

在拍电影的时候,正巧是夏天,纺织女工们都习惯了,并不怕热,不怕闷。但导演和摄影师们很难受得了,四周又热又吵,忙得浑身大汗淋漓,争分夺秒地抢拍。

《黄宝妹》影片在拍摄的过程中,不仅得到市里、厂里各级领导重视和关心,更令人兴奋的是得到周总理和中央有关领导的关心。中央派文化部党组书记、副部长钱俊瑞来到摄影现场看望大家。听到这个消息后,大家一口气从化妆间里奔到摄影现场。钱部长亲切地问:"你们生活得怎么样？"黄宝妹很快地回答："很好！"钱部长还热情勉励说："中国工人阶级自编、自演、自导上银幕，这在当今世界是绝无仅有的。"紧接着他便问谢导："你们估计这部电影的反响会怎么样？"谢导很有信心地回答说："工人同志一定会很欢迎的。"钱部长又说："好！只要工人同志说好，那就好。我们今后的文艺方针就是要面向工农兵！"钱部长还对纺织女工们说："你们今天能够做演员，将来还要你们成为编剧、导演。要学会自编、自导、自演，自己的生活要让你们自己通过舞台、银幕反映出来。你们不仅要成为生产能手，而且在文学艺术方面也要成为一个专家。"这些话，使黄宝妹至今难以忘记，铭刻在心中。

电影拍摄成功，很快在全市、全国各电影院放映，受到上至国家领导人下到基层单位干部和工人的普遍好评。此外，各大报纸和电影周刊都发布了放映消息与影片评论，同时，在上海的各大电影院门口贴满了《黄宝妹》的海报。从此，黄宝妹成了家喻户晓的纺织工人影星。当时《黄宝妹》《林则徐》，还有《五朵金花》等影片一起送往北京作为国庆十

黄宝妹逐锭检修（剧照）　　　　　　　黄宝妹在发言（剧照）

《黄宝妹》电影剧照

黄宝妹（前排右二）与拍摄《黄宝妹》影片的全体成员合影留念

周年献礼，《黄宝妹》影片在京放映后，纺织工人"自己演自己"的黄宝妹的名字在大江南北传为佳话，"咱们工人也上银幕了！"此时在各大城市里凡是有放映条件的企业都在厂里放映，还有许多行业邀请黄宝妹去做报告，几乎每周都有单位邀请，不是到工厂就是到学校，她一度成为了"报告专业户"。

一位影评家的评论

《黄宝妹》放映后，一位作者在刊物上发表文章说："影片中黄宝妹也是现实生活中的黄宝妹。"她是一名平凡的纺织女工，一个普通的共产党员，同时，她又是一个闻名全国的劳动模范。她既平凡又不平凡。这是黄宝妹的精神面貌的基本特点，也正是时代先进人物共有的特征。影片中黄宝妹正是紧紧抓住这种特点，从日常生活和劳动中把它表演出来。"编剧"怀着劳动模范不是普通人的想法去到国棉十七厂第一次访问黄宝妹，就碰到她在向杨根妹学习粗纱包卷，又碰到厂里越剧组叫她排戏。

这样，黄宝妹就以一个虚心学习技术和热心爱好文娱活动的普通女工姿态出现在人们的面前。

黄宝妹的不平凡又表现在哪里呢？影片中通过事实有力地回答了这个问题。影片并没有故意去渲染黄宝妹有什么异人之处，作为一个先进人物是在群众中成长起来的，党的教育使她的品质一天比一天发出光彩。影片中开头安排"换弄堂"事件，使人们初次认识黄宝妹以身作则，自愿用自己整洁的"弄堂"和薛红英又脏又乱的"弄堂"对调，并且在薛红英认为没有办法减少断头和白花的机器上做出优异的成绩，帮助薛红英把所谓"死弄堂"变成了"活弄堂"。黄宝妹的行为不仅感动了思想和技术原来比较差的薛红英，而且使整个班组也变成先进经验积极的推广者，这就使黄宝妹的性格在观众面前绽放了光芒。

正当黄宝妹带领班组姐妹争分夺秒苦战时，有人来请教黄宝妹"减少白点"的做法和经验，班组里有人怕竞赛红旗被对方夺去，反对黄宝妹传授经验，而黄宝妹说服别人，前往杨桂珍班组交流操作法，结果不但没有影响自己班组的目标，反而提前完成任务，保持班组红旗。当黄宝妹取得成绩，国棉十九厂的报喜队来向黄宝妹致谢的时候，黄宝妹再三地说："我没有什么，我也是向李素兰同志学习来的。"这就说明黄宝妹是吸取了别人的先进经验，而又帮助别人相互交流才取得成绩的，当然和她自己努力也是分不开的。当她有成绩也总是归功于党，归功于别人，这不是客气话，而是黄宝妹的风格。影片中还把黄宝妹和纺织女工比作"七仙女"，这仅是诗意的比喻。的确，纺织女工不仅像七仙女一样友爱互助，而且有着和七仙女一样能够创造的灵巧双手，黄宝妹这样的行为连七仙女也会钦佩的。

《黄宝妹》是一部艺术纪录片，以真人真事为基础，略有虚构，采取艺术的形式来反映纺织女工当时的生活和生产面貌。因为有艺术加工成分，使这部影片与别的纪录片相比，更增加了许多艺术的色彩。因此，对演员的要求也就不一样了，需要有一个较好的艺术形象出现在银幕上。这是编剧和导演的责任，要付出辛勤劳动去创作，让黄宝妹一个纺织女工成为艺术中的主角，反映纺织人生活的精彩。所以，黄宝妹常说："我绝对不会为演出一部电影就认为自己了不起了，拍电影，我是门外汉。"因为电影反映了她热爱工作，是时代的代表，电影的成功之处在于真实，导演用大量的镜头表现生产过程，展现纺织女工自己的拿手绝招，呈现纺织女工最熟悉的劳动过程。影片中的主人公是黄宝妹，她身边的人都是朝夕相处的同事们，电影所反映的情节是非常真实的，并不是为拍电影而编出来的。如拍摄"到底是人掌握机器还是机器掌握人"这场戏时，导演心中没有底，但这是黄宝妹思想中的重要一环。如何反映这场戏呢？导演组发动黄宝妹所在班组和技术人员，开展讨论，扮演记者和导演一起参加，在黄宝妹阐述自己看法的带动下，展开了一场几个小时热烈讨论，会上对发言及动作、语气详加记录，最终形成了影片中这场戏。电影中很多生动语汇是"闭门造车"难以想象出来的，拍摄时也采取了会怎么开，就怎么讲的做法，结果非常生动，效果很自然，很真实。正是因为这些事迹，黄宝妹才从基层被一步一步，一级一级推荐为上海市、全国的先进青年和劳模的。如果说虚构或不实之处的话，那么就是"消灭白点"的提法有点过了头。纺织专家及黄宝妹也曾说过："纺纱织布，白点是消灭不了的，因为这是一个技术问题，到现在也只能说是控制。"或从艺术性角度，电影虚构是一个艺术形象，也就是串起全剧主线的那位女记者，是非常成功的。这部电影既反映了先进人物的先进事迹，又为纺织女工增加艺术形象，更重要的是开辟专业文艺工作者与群众业余演员结合的创作新途径，说得确切些也是一种创新。

一次未成的"弃工从影"

一个纺织女工，要当电影演员又是戏中担任主角真不容易哪！有人说："黄宝妹拍电影成功了，可以考虑弃工从影，不用再在细纱车弄堂里走巡回，出苦力流汗了。"可她始终牢记自己是党培养的一个纺织女工，拍电影是完成一项任务而已，并不是改变人生道路的转折点。于是，她坚定地说："我的岗位在车弄纱锭！"

在记者采访时,她坦诚地说:"弃工从影,对我来说是个机会,可我从来没有考虑过。"她记得这部电影作为国庆10周年的献礼片在京放映时,黄宝妹也正赴北京开会,同往的人对她说:"你的形象和气质都不错,完全可以考虑当一个专业演员,你可以去读书进修。"在场的一些名人当面对黄宝妹说:"你改行做专业演员,我们都支持你。"对此,黄宝妹认为:拍电影是领导交办的一个任务,演好了说明我完成任务,而对她来说主要任务始终是当好一名纺织女工,那才是她一生为之奋斗的事业。因此,黄宝妹一点儿都没有动心,她始终离不开那隆隆机器声,离不开那些姐妹,更离不开活动经纬世界。

在国庆节观礼期间,住在北京饭店,周总理请文化部及电影界的主要演员吃饭。她和周总理坐在一起,当时文化界有不少知名人士都在场,文化部副部长向周总理建议:"上海黄宝妹拍电影很成功,真不简单,自己演自己,也很活泼,艺术性强,建议让黄宝妹当专业演员。"黄宝妹当时很紧张,马上回答说:"我'勿来三'(上海话的意思是'不行'),拍电影时,连路也走不好。"因为,她知道自己不是专业演员,导演对她要求不高,如果专业从事这项工作,要求也就不一样了,连跑龙套都轮不到,做任何工作,完成任务并不困难,困难的是做到专业,做一个好演员更困难。由于亲自拍过电影了,知道要做一个好演员是很难的,她一直对大家这么说,也确实是这么想的。尽管她没有弃工从影,但拍电影对黄宝妹的生活产生了很大影响,至今她兴趣广泛,充满活力,经常参与社会活动并与劳模朋友们组织歌咏、跳舞、唱戏、健身等活动,自己载歌载舞,这跟当年参加拍电影不无关系,不仅锻炼身体,而且心态平和,欢度晚年。

一次美好的回忆和重逢

尽管电影《黄宝妹》从拍摄至今已经有60多年了,但对黄宝妹来说,一切仿佛就是在昨天。许多美好的回忆还是那么清晰。如说起电影中的"我"是由老演员张瑞芳配音的。黄宝妹演戏时讲的是上海话,用普通话配音难度是很高的,据说比配外国片子难度还要大。张瑞芳是出色的表演艺术家,配音配得天衣无缝,让人佩服不已。

另外,她对导演谢晋印象很深。黄宝妹说:"他不仅是一位出色的导演,更是一个非常和蔼可亲的朋友。记得在拍摄现场,许多纺织女工演员非常害怕那个镁光灯,黄宝妹得知后向导演反映,有人听说这种灯光照多了会吸人的血?谢导笑着说:'如果是这样的话,那我拍那么长时间电影,血早就被吸干了啰'。"一句话说得大家疑虑全消,高高兴兴地投入了拍摄,所

1992年,黄宝妹喜逢谢晋导演时合影留念

以,戏越拍到后面,大家都很自然。黄宝妹说:"还有那些铺天盖地的电影评论,几乎周周见报,杂志封面上专门刊登我黄宝妹一张剧照,那些文章把我写成了自己演活自己的工人明星,突破了以往影片中由演员表演的水平,至今记得那些赞美的文字。其实,这些当时我就认为应该归功于大家和导演。"1992年,黄宝妹与谢导阔别33年后重逢,相互问候。黄宝妹激动地问起谢晋当年受批的事,他笑笑说:"现在好啦,我又回来了,我的艺术生涯永远在群众之中。"对这位导演的大将风度,黄宝妹非常敬佩,下定决心在不同的战线上为创造美好的未来作出贡献。

一个难忘的日子

1958年国庆节过后不久的一天,厂里通知黄宝妹第二天上午到厂门口等候,准备迎接国家领导人。黄宝妹当时夜班刚刚结束回到家中,于

是又急忙出门，她身穿一件深蓝色两用衫，领口左右两边翻出白衬衫，打扮得很整洁，显得很时尚和美丽。她满怀喜悦与兴奋，与厂领导聚集在厂门口广场上等待……

上午9时许，由市妇联主任、妇女杂志记者、纺织局领导等同志陪同，当时担任全国人民代表大会常务委员会的宋庆龄乘一辆普通车子驶入厂门，一下车，只见她亲热地向大家点头微笑，招手致意。这时，黄宝妹随着厂领导走上前去迎接，宋庆龄一眼就认出是黄宝妹，相互热情地握手，接着大家一边走，一边讲。宋庆龄说："今天我是来学习的，看看厂里的变化，了解工人的生活，还想参加一些劳动。"话音刚落，她发现身边扶着她一起走路的是黄宝妹时，她突然想到了什么似的，拉着黄宝妹的手亲切地说："黄宝妹啊！你拍的《黄宝妹》电影，我还没有看过，真想看一看。"听罢，黄宝妹内心激动，如一股暖流涌上心头，不知说什么好，便脱口而出："请您指教，向老前辈学习。"心想，这不是对我个人，而是她老人家对纺织女工的关怀、爱护和期望。听了宋庆龄的话，厂领导马上派人到影片厂拿来影片，将会议室布置成小型电影院，准备放映《黄宝妹》。

黄宝妹与厂领导一起陪着宋庆龄先是参观车间工厂，从棉花到布织出来有十多道工序。当宋庆龄看到工人们自行试制成功的喷气布机时，这种车不用梭子织布的新技术成果，引起了她极大的关注，便拉着黄宝妹等同志在喷气织布机旁摄影留念。从布机车间出来到二纺车间，又来到工厂保健站和托儿所。她对女工的"四期"保护和儿童的保育工作特别关心，向厂领导提了一连串有关妇幼保健的问题——全厂有多少女职工？女工有什么特殊照顾？幼儿什么时候开始放托儿所？费用收多少？满托以后怎么办？这些充分体现了领导人对工人的无微不至的关怀，在场的黄宝妹她们都十分感动。接着，大家陪同宋庆龄来到会议室，她边喝清茶，边听厂领导汇报工作：解放几年来，工厂废除了"拿摩温"制度，实行了8小时工作制，开展了社会主义劳动竞赛，办起了工厂食堂等。此外，厂领导向她汇报了开办职工学校、保健站、托儿所，实施工人的生老病死保障制度，进而提高工人积极性，生产成倍增长，技术革新成果如雨后春笋般地涌现。听完汇报,她满意地称赞厂里工作做得好,并叮嘱说:纺织厂女工多,工作辛苦,要多多关心她们的生活,照顾好女工的特殊困难。此时,黄宝妹热泪盈眶,激动地说:"我永远不会忘记,是共产党让我们纺织女工地位改变了,成为工厂主人。"

令黄宝妹难忘的是与宋庆龄中午在厂里职工食堂坐在一条长凳上共进午饭。在吃饭时,宋庆龄还亲热地给黄宝妹夹菜,给六七个同桌吃饭人盛汤,并关照说:"黄宝妹啊!你要多吃点,身体好!工作才会好。"如此动人的情景,简直分不清楚谁是主人,谁是客人,谁是工人,谁是领导。当时,就有人激动万分地说:"这绝不是一顿普通的午饭,而是国家领导人和纺织女工心连心的一顿盛宴啊!"

午饭后,黄宝妹陪同宋庆龄观看电影。在天马电影制片厂大力支持下,《黄宝妹》电影的片子和放映机很快搬到厂里,在厂会议室临时改成的放映室内放映。宋庆龄看看荧屏上的黄宝妹,再仔细看看坐在身边的黄宝妹,便问:"你每天工作8个小时,车弄里每天要跑30到40公里路啊?"黄宝妹点点头。她又说:"你们纺织女工真够辛苦的。全国人民有衣穿,党和人民不会忘记你们。"黄宝妹回答:"这是我们纺织工人的责任,应该做的事。"此时,黄宝妹又联想到:在旧社会,半殖民地半封建的中国劳苦大众没有衣穿,没有说话的权利,妇女更是被压迫在最底层。宋副主席为求得人民解放,妇女翻身,做了多少呕心沥血、冲锋陷阵的事业。她的革命精神,令我们纺织女工十分敬佩。

看完电影,在工人座谈会上,黄宝妹第一个汇报了她所在班组开展劳动竞赛你追我赶的情况,然后大家你一言,我一语,争先恐后,抢着发言,气氛十分热烈。宋庆龄以极大兴趣听了大家的发言。最后,她热情地发表了讲话。她说:首先,感谢厂领导和黄宝妹等同志们热情接待,称赞广大职工和黄宝妹所取得的成绩。其次,鼓励大家在党的领导下创造更多业绩,为建设繁荣富强的社会主义新中国作出更大的贡献。会场上响起了热烈的掌声,这掌声既是感谢领导的关怀,又是一种保证,也是对年轻人的激励;同时,也表达了人们建设新中国的坚强决心。

宋庆龄来厂视察的这一天,黄宝妹和全体姐妹们都沉醉在幸福之中。

黄宝妹格外兴奋地说：真让人终生难忘。每当想起这些事，黄宝妹总是心情激动。

1981年，当黄宝妹从电视屏幕上看到敬爱的宋副主席的遗像，听着沉痛的讣告，她万分悲痛，泪水模糊了视线。那哀痛而又悲壮的乐声，使黄宝妹回忆起20多年前，其来厂视察的情景，难忘的教诲，似乎依然回响在耳边。于是，黄宝妹含泪挥毫书写了"终生难忘"一文，以寄托一个普通纺织女工的无尽哀思。一转眼几十年过去了，如今黄宝妹虽然退休了，但每当想起宋副主席深入工厂的那天的情景：她那密切联系群众，处事平易近人的形象，仍然历历在目。尤其对黄宝妹的教诲，给她增添了无穷的力量，鼓励并促使她终身为人民纺好纱，用实际行动继承老前辈的好作风。

第六章

从文盲到大学生

20世纪50年代初，上海第十七棉纺厂领导意识到提高工人文化水平、培养人才是企业发展的关键。于是，在1953年10月创办初级业余纺织技术学校，从扫除文盲入手，将全厂90%以上职工，按不同的文化程度编班入学。这一创举受到中央领导重视，曾先后派员专程视察。1960年厂里与市纺织工业局联合举办业余纺织学院。厂里曾向北京、郑州、西安及新疆等地纺织新兴企业先后输送了自己培养的200余名各级管理及技术人才。由此，被评为上海市职工教育八面红旗之一。

黄宝妹在这场文化教育活动中，从摘文盲帽子开始，既是重点培养对象，又是一名学文化的积极分子。后来，她被送到高等学府华东纺织工学院（今东华大学）求学，从一名原是文盲的普通纺织女工，被培养成为有文化的优秀的棉纺工程师。

新的征途　纺织女工进高校

事情还得从头说起，记得在劳模大会后，黄宝妹回到车间，在一次班组会议上与姐妹们讨论，如何创造新成绩迎接国庆。解放后还是文盲的黄宝妹，1953年进了厂办的业余学校，她得到了读书机会，不仅带头摘掉了文盲的帽子，而且已经开始读初中知识了。她深有体会地说："学好文化是搞好生产的重要条件，工人没有文化知识，既影响思想进步，生产也不可能有新成绩。"

讨论中，她首先带头发言，并问大家"能不能在文化学习方面也同搞生产一样，订一个目标计划，让我们大家都成为一个有文化的纺织工人"。这么一问，正好问到大家心里。她所在班组有十五六位工人，都是文盲和半文盲，每个人都有一肚子没有文化的苦。首先，工会组长抢着说："最近我到厂工会开会，领导报告我听得很认真，感到很有道理，回到班组要传达会议精神和领导讲话时却把原话都忘记了。"接着，工会组长继续说："识字的人只要翻翻记录就行了，传达领导讲话精神多方便呀！"话并未说完，一位老工人激动地说："我看到别人看报纸，就很眼热。报上登着各种各样新人新事，天天都有鼓舞人心的消息。有一次，我看到《解放日报》上登着一张照片，好像是我们厂和班组的情景，但怕弄错了不敢说。后来问了识字的人，才知道确实是我们自己班组。看，就是因为我不识字，对自己班组的照片都不敢认，有多少苦呀！"坐在角落里的师傅笑着说："不识字，连走路也难。有一次，我从厂里出去，从杨树浦路站在大连路口，有路牌标记，我也不认识，问过路人，叫我往前走，结果越走越远，再问别人，告诉我走过头了。"还有的姐妹们说："我们不识字，兄弟厂有啥先进经验也不晓得呀！"黄宝妹接着说，"是呀！没有文化既不能学习别人先进思想，也学不到别人的生产先进经验，还有迷路的危险。"

大讨论提高了姐妹们学习文化重要意义的认识。从此，她们在黄宝妹的带动下，一致行动，自觉参加读书，学文化劲头可大呢！广大女工一边劳动，一边利用上班前、吃饭休息、下班后的时间，坚持学习文化。黄宝妹所在班组还制定了一个学文化目标计划。每个文盲和半文盲，要在一个星期内计划突破认识十个字，每人一年至少要认识500个字，并争取尽快摘掉文盲帽子。这个目标制定传开后，不仅在全厂轰动起来，而且在全市整个纺织行业，掀起了扫盲的高潮。班组以生产劳动竞赛劲头对待学文化，提前成为无文盲的班组，激起整个细纱车间学文化的热情，把文化学习纳入实现生产保证中去，作为一项完成任务来对待。女工们识字多了，她们就可以直接读书看报，既可以关心厂里大事，又能了解国家和世界大事，搞好生产的积极性更高，这也是当家做主人的一个行动吧！

一天刚读完书的黄宝妹在细纱车间机边接断头纱，突然发现身穿人民装，整洁而大方，笑嘻嘻地站在她面前的党委书记，慎重地说："下班后，你到党委办公室来一次。"这时，黄宝妹心中忐忑不安，不知何事。

她下了班便急急忙忙来到办公室，党委领导和蔼亲切地安排她坐下来，倒上一杯水，便开口对她说："宝妹呀，厂党委接到市委通知，决定让你脱产到华东纺织工学院（现为东华大学）学习，时间比较长，要3年，你看有什么困难吗？"当她听到这几句话，心里激动得半天说不出话来。她想：我从小就盼望读书，看到有钱人家孩子天天背着书包上学堂，自己有多么羡慕啊！黄宝妹自言自语地说："解放前，我们家里穷，连饭都吃不饱，哪

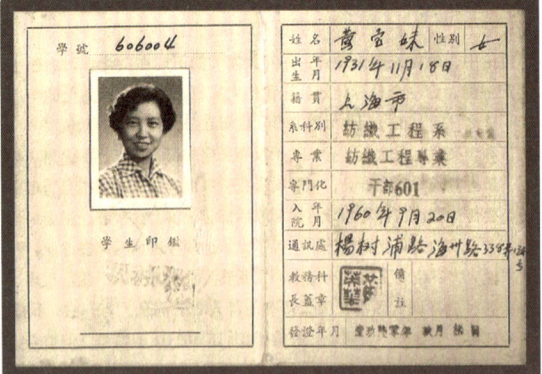

有钱让你去读书呢?"因此,从幼年开始她就在家里干活,从事体力劳动,从未进过学校大门,是旧社会剥夺她读书的机会。解放后,她目不识丁,是一个名副其实的文盲。刚刚摘掉文盲帽子,不久又断断续续读过几年的业余学校,并从歌唱"东方红"及"没有共产党就没有新中国"等歌词中认识几个字。由于老师指导和帮助,背默了二十几个字,在厂里业余夜校考上小学三年级。平时,她尽管经常外出开会,参加社会活动,出国访问等,经常缺课,好在老师及时为她补课和辅导,加上自己刻苦努力,读书成绩还算过得去。她从三年级直接跳到五年级,后又开始读初中二年级,按此文化程度怎能去读大学呢?能读得好吗?真叫人心急如焚。这时,党委书记见她似乎顾虑重重,便鼓励她:"在新的征途中,胆子要大一些,不要怕嘛。这是组织上决定,听党的话,要像搞生产一样,只要刻苦钻研,虚心向别人请教,一定能读得好的。"话是对的,但她心里总是疑惑着。

就这样,1960 年 9 月的一天,国棉十七厂门口彩旗飘扬,锣鼓喧天,厂工会领导和姐妹们兴高彩烈、欢欣鼓舞,热情欢送黄宝妹到高等学府"华纺"去读书。

攻克难关 打破砂锅问到底

华东纺织工学院受国家纺织部委托,为了培养人才,开办一个特别

"干部班",从全国各省市纺织厂挑选来的三十几名学生,其中有黄宝妹。这些学生大都是党委书记、厂长、车间主任及劳动模范。他们文化程度高低不一,有的读过高中,有的初中,有的只读过小学。在上课的前天,院领导召开班级动员会,首先向学生们传达毛主席讲话精神。"我们搞社会主义建设,工人没有高度的文化不行啊"!还说"我们要选拔一批优秀工人当工程师,我们要造就一大批工人工程师、艺术家、作家、科学家,我们要从工人中间选拔一批优秀分子读大学,让他们掌握科学知识,使他们如虎添翼,更好地发挥他们聪明才智"。强调"你们要好好学习,今天好好学习,就是为了明天更好创造"。接着,院领导要求同学们"一定要听党的话,大家一定要努力勤奋学习,掌握科学文化知识,将来努力工作,敢于并善于创造发明,不要辜负党和毛主席对于我们年轻人的期望,为建设伟大的社会主义祖国服务"。在动员结束时,院方还宣读了办班目的并交代了学习任务。明确规定学员在3年内要学完高中到纺织工程管理系的大学全部课程,安排一年时间先完成高中部分基础课,然后花2年时间集中读完大学全部课程。

动员会结束后,班级里展开了热烈讨论,并相互做了自我介绍。参加"干部班"学习的有来自常州市纺织行业党委副书记,有青岛市棉纺厂厂长,有上海12棉棉纺厂副厂长,有无锡市棉纺厂车间主任,有宁波市棉纺厂、安徽芜湖纺机厂劳模等。当黄宝妹作自我介绍后,同学们眼光一起投向她,因为她是班级里比较年轻的一个,使原来落落大方的黄宝妹反而不好意思脸红了。此时,也不知谁说:"黄宝妹也是纺织女工。她不但是劳模,还拍过电影,更喜欢唱越剧……"老师随口说:"好啊!好劳模,再加上爱学习,今后一定能够完成学习任务,创造新成绩,锦上添花。"老师的话音刚落,大家鼓起掌来,从掌声中,黄宝妹仿佛听到了大家对她的鼓励之声。

从接头纺纱到同字母打交道,是黄宝妹人生道路上的一大转折,艰巨的学习任务摆在没有进过校门的黄宝妹面前,该怎么办?上课铃一响她便头痛,原来自己文化基础差,弄不懂什么X、Y,老师讲课听不懂,讲到哪里,书本上也找不到,更谈不上听课记笔记,做习题无从着手。

面对学习上的种种困难，她想到离厂时党委书记的一番话和宋庆龄副主席来厂视察时，曾紧握自己的手说"你们纺织女工不但是生产的能手，也应是文化的主人"的亲切教导。同时，她回忆当时在苏联参观的情景，工厂都是自动化、半自动化，工人同志都有相当高的文化技术水平。苏联的今天就是我们的明天，从而增强了黄宝妹一定要完成学习任务的信心与勇气。

"共产党人绝不能在困难面前打退堂鼓！"于是，她暗自下决心，读书生活环境不习惯，使自己慢慢习惯起来；基础比别人差，她就"笨鸟先飞"，多下点功夫。别人读一遍，她就看两遍、三遍；习题做不好就苦思冥想，向困难发起进攻。有一天晚上，有一道习题她实在做不出来，心里急得要命，经过苦思冥想，终于想出来，做好了习题。她高兴得笑出声来，醒来却是做了一个梦。由于文化基础差，她听课时常常笔记做不好，于是她就向别人借笔记本，照着抄下来。就凭这股硬劲，她慢慢地在上课时自己能记下来了，然后再与别人对照，纠正和补充自己的笔记。"苍天不负苦心人"。经过一段时间的努力，她上课也能做比较完整的记录了，学习略有进步。平时由于比别人少睡觉，第二天听课效率不高。对此她想，在生产上纺纱断头多，要有计划地先易后难地处理，就能减少断头和忙乱，能不能把这个办法用到学习上或许也有好处。她在学习代数、物理、化学等碰到难题时，由易到难，由浅到深，一个一个地排列出来，采取这个办法，对不懂的难题及时请教别人。

她说："生产上那么多的困难都能克服了，难道在几个难做的习题面前打退堂鼓吗？""不能！"她一心扑在学习上，星期天也不休息，家也不回，专心致志。但这个学习"困难户"也离不开班里党支部和寝室里同学们热情、耐心的帮助和老师下课后的辅导，从而增强了她完成学习任务的信心，在学习时遇到不懂的地方，她采取打破砂锅问到底的办法，一点一滴也不让它溜掉，直到它弄懂为止，主动地争取大家的帮助。

这一年两个学期高中部分课程，经过考试，班级里有11人被淘汰。但文化程度较低的黄宝妹却取得了良好成绩，仅有一门功课是3分，她成为班级里唯一工人留下来继续攻读的大学生。

黄宝妹在校园中

夜深人静，黄宝妹在灯下学习

黄宝妹与同学互相探讨学习问题

黄宝妹（左三）和同学合影

破"困难户" 一门心思读好书

新学期开始的第一天，当黄宝妹拿到一本又一本厚厚的课本，有《纺织概论》《基础工程学》《机械制图》等。老师讲这些课程时，她总是丈二和尚摸不着头脑。黄宝妹心想读大学课程有那么多的"拦路虎"，如老师讲制图课，她根本看不懂机械图，连先画哪条线都无从着手，更不用说制图了。尽管她花了九牛二虎之力，读完了基础课，但依然还是一个地地道道的"困难户"。为了扫除学习上的"拦路虎"，黄宝妹做到两点坚持：一是坚持向寝室里同学请教学习难题，并主动与上届郝建秀同志学习和交流，决心以她们为榜样，反复思考，"别人能学好，我为什么不行呢？"二是坚持要把每天上的课程的功课当天做好，坚持采取"笨鸟先飞"的办法。在拿到圆规、量角器、三角尺不知道怎么用时，在星期天，她带着这些东西，主动到郝建秀住的宿舍里请教使用方法；对书本上看不懂的东西，有时利用星期天回到厂里向老师傅请教。如在学机械工程时，弄不懂什么基座、弯轴，到厂里请教，老师傅告诉她这就是织机上的"大龙"。在老师、同学们热情帮助下，这个学习"困难户"的情况逐步得到了改变，由学习成绩差到及格，已经能消灭了3分，后来每门功课不是4分便是5分了，这正是"勤奋就是成功之母"。

在学校学习期间，黄宝妹一门心思用在学习上，星期天顾不上休息，家里的事也不闻不问。黄宝妹本来身体很健壮，由于劳累过度，睡眠较少，加上经受风寒，一度患上了肺结核。但她对疾病既不害怕也没有声张，更没有因病请假而是坚持上课读书。她的母亲得知后很心疼，再三叮嘱要注意休息，保护身体，吃好睡好。离家时母亲将一包纸递给黄宝妹，回到学校打开原来是一包糕点。要知道当时，除了购买粮油要票以外，凡以粮食制成的糕点饼都要凭票购买。这种票与布票、油票、香烟票、肉票、鱼票等一样，一个季度发一次，每人每月4张糕饼票，2张票只能买到一只杏仁酥，这包糕点是家里人不吃省下来让给她的，黄宝妹心里更是过意不去。

在三年困难时期，她母亲决定将黄宝妹每月工资一半留下来家用，还有一半让她购买营养品，滋补身子。对来自家庭的支持和爱护，黄宝妹内心十分感激，心想只有以搞好学习来回报家庭对自己的关心和照顾，这虽然是一种压力，实际上也是一种动力，促使她决心将学习搞好。

在校期间，黄宝妹的儿子也已经在学校就读了。孩子像她一样聪明伶俐，活泼可爱，尽管学习成绩不错，但比较顽皮，上课时随便说话，课堂纪律性较差，老师管教不听，显得散漫些，读书成绩逐步下降。学校召开家长会议，黄宝妹和其爱人均因工作忙，没有参加，由孩子奶奶出席，在谈具体情况时，奶奶认为孩子喜欢玩没关系，与老师板起脸来，口称："哪有孩子不贪玩的。"

对此，老师感到无奈，一封人民来信寄到《解放日报》，反映劳动模范黄宝妹对孩子放松教育，不关心儿子读书。谁知这封信转到上海市委领导那里，在一次"人代会"散会时，市委领导将黄宝妹叫到办公室，"告状"的信放在她面前。看到此信后，黄宝妹坦诚地向领导汇报："自己有责任，对孩子读书和教育关心较少，因自己读书任务重，社会活动也多，并说明由自己妈妈照管孩子，承认对孩子关心不够。"并表示要改变这种状况，后来，她注意加强对孩子教育，不但主动对孩子进行了思想教育，而且抽时间请老师、母亲带着孩子观看《鸡毛飞上天》，引导孩子为国家、为自己成长，都要认真读书。从此，孩子一心一意读书。上课也不再乱讲话了，成绩也提高了，受到了老师好评。黄宝妹努力做到不仅自己带头读好书，也注意关心和带动鼓励孩子认真读书。

如虎添翼　技术管理有作为

在学习生活中，黄宝妹感到既紧张又很快乐。平时，她要参加一些社会活动，也没有因此而影响自己的学习。有一次三八妇女节，市妇联安排她参加会议。这天正巧上制图课，并有作业要做。她开完会回到学校已经很晚了，听说在大礼堂放映《林海雪原》电影，这是她很早就想看的电影，但是，为了完成作业，她放弃了看电影。

他们这个班级的同学，本来都是从繁忙工厂和热闹车间来到清静课堂，感到别有一番情趣，有时在紧张的学习之余，也常常在静静校园里散步、读书、谈心，在热闹的联欢会上唱歌、演戏。由于她们来自全国各地，都像亲兄弟姐妹一样，大家各有各的爱好。黄宝妹过去虽然识字不多，但她是一个越剧迷，虽然唱得没有著名演员那么好，有时作业做好了，高兴起来嘴里哼几句越剧，于是黄宝妹会唱越剧在班级里有了"名气"。在1962年欢送郝建秀的毕业联欢会上，黄宝妹与郝建秀合演一段《楼台会》，一个上海人同山东人合唱越剧，"南腔北调"乐得大家眼泪都掉下来。

虽然学习紧张，但黄宝妹有时利用星期天和节日假期回到厂里与姐妹们谈谈心，看看和了解生产上新的进展和经验，还常常与自己熟悉的劳模，当时正在科技大学读书的王林鹤等人碰头，相互交流学习体会和经验，与著名劳模郝建秀同志保持联系，交流思想，互相鼓励，共同进步。

一天晚上快熄灯时，教室和宿舍都还亮着灯，全校肃静。窗外梧桐叶子嗦嗦声和秋虫的吱吱声，但黄宝妹兴高采烈，迫不及待，提起笔来，给毕业不久的郝建秀写信，倾诉心里话，她写道："无论是工作还是学习，你都是我的学习榜样。我们由不相识到相识，由同行到同学的过程就是我向你学习的过程。记得有一次，我们从杨树浦乘车回校的路上，你教我如何记住公式的办法，后来我照着你说的去做了，效果很灵。熄灯铃响过了，今天就写到这里吧！"

郝建秀在给黄宝妹回信中说："要感谢党和人民把我们先后送进了同一个学校，我们在学习中几乎随时随地都碰到各种各样困难，但我们没有害怕过，因为我们知道知识宝库的大门不会为偷懒人敞开，我们也知道只有踏踏实实，勤学苦钻，像解决生产难关一样，不屈不挠地攻克学习上的堡垒，在新的任务面前一定会有新的困难，只要我们保持虚心学习，任何困难也阻止不了我们前进的步伐。经过不懈努力，我们坚持读懂会用纺织专业大学全部课程的知识，期待的是更好地为纺织工业发展作出应有贡献。"发自肺腑的对话，既高瞻远瞩又反映深厚情怀。

三年寒窗苦，换来今日甜。1963年，黄宝妹经过三年苦读，终于取得了毕业证书。她回到厂里报到，领导宣布她到厂部生产技术科担任技术员，负责6个工场生产现场管理运转，抓好技术操作，实施文明生产两大任务。上任时有人问她："你读大学虽有了知识，但挑重担不怕有困难吗？"黄宝妹回答一句话："困难，对共产党员来说不过是只'纸老虎'！"于是，她在工作岗位上一直勤勤恳恳坚持巡视检查，现场解决生产上的矛盾和问题；把学到的知识用到生产上去，生产管理工作做得有板有眼、有声有色，进而提高管理水平，把生产搞上去。每年纺织系统沪东块对口检查互助组由她引领，上棉十七厂总是被评为先进。这以后，黄宝妹工作更加起劲，更有作为，受到领导和工人一致好评，都说她学习后，人变样了，能力强了，更加谦虚了。

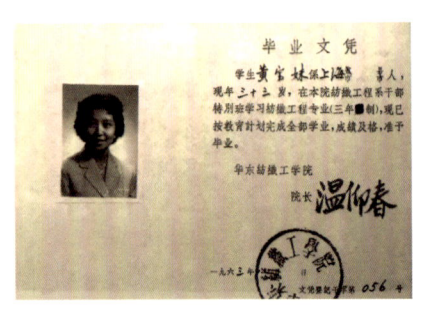

第七章

夕阳红最美

人生百年，今余几何？黄宝妹认为金钱、荣誉、地位对一个人来说并不重要，重要的是年龄再大，金钱越多，都不要忘乎所以，不要安于现状，要不停止追求。1987年1月，黄宝妹已经过了55岁，退休了。退休前，曾有三个地方都想请她去发挥余热：一是上海市总工会咨询办；二是杨浦区科技协会；三是本厂咨询办。最后，还是"近水楼台先得月"。厂里咨询办负责人盯住黄宝妹不放，一定要她到厂咨询办工作。黄宝妹心想，留在厂里也好，人头熟，情况了解，工作好开展。这样，她就决定留在厂咨询办，发挥一技之长，让事业之路延伸，再干个10年、20年，不算什么过高的欲望吧！

不计报酬　帮助启东办厂

莫愁黄叶老，晚霞牛劲足。上棉十七厂咨询办的任务是面向社会，提供纺织工业方面的信息和技术服务，或帮助企业解决一些技术、管理方面的困难。这时，江苏省启东县找到厂咨询办公室，请求厂里派人帮助他们筹建一个5000纱锭的小纺织厂。双方经过协商，签合作协议，厂咨询办研究决定由黄宝妹来完成这个任务。

那时，正是乡镇企业遍地开花之时，纺织原料和机器设备异常紧俏，黄宝妹被聘为副厂长、名誉厂长，具体负责新厂筹建工作。合同规定，每月职

黄宝妹与吴华芳在京采购设备后在天安门前合影留念

务津贴为100元，上海到启东之间来回出差，不支付出差费。黄宝妹当时每月退休工资为142元，厂里没有人同她一起去，又请不起别人当助手，出差时就拉着老伴义务劳动当助手。有一次，黄宝妹要出差到青岛纺织机械厂选购梳棉机，叫儿子陪同前往，乘坐的大巴足足开了7个小时才到达。到了青岛不住宾馆，就住在厂里办的招待所，住宿费只有几元钱，吃饭尽量在马路上的小店解决，中途他们母子两人各吃了一个馒头。第二天乘长途车到郊县，直奔青岛纺织机械厂。到达时已经是下午3点。青机厂领导很热情，顺利地签订了供货合同。前后仅花了一天时间。黄宝妹急急忙忙回到青岛时已经晚上9点了，连晚饭也没有吃上。不过，所购16台梳棉机2个月后就可以按时提货。这在当时市场上纺织设备供应紧缺的情况下，能签到这样的合同，及时购买到机械设备真是一件不容易的事，也算是首战告捷。

黄宝妹到青岛的消息，不知怎么传到了青岛市领导那里，时任青岛市市长专程请黄宝妹到市里作客，黄宝妹还真是有点受宠若惊。原来青岛市市长当过华东纺织工学院的教师。黄宝妹在华纺干部班读书进修时，也算是他的学生。青岛市市长请黄宝妹参观了著名的青岛啤酒厂，并到市区观光。市长后来言归正传，提出要请她到横岛县纺织厂当顾问，人就待在上海，有事到上海去找她，天热时请她到青岛避暑。黄宝妹对市长说："当顾问，我不敢当。纺织行业有什么事要做，我义不容辞，一定尽力而为。老师，对不起了。"黄宝妹虽然没有当顾问，但为青岛市属下的横岛县纺织厂也是尽心尽力，黄宝妹曾带了一批人，利用多年工作经验和社会关系，她不辞辛劳，先后按要求，到北京、太原等地，日夜为企业奔走，花了半年时间，帮助横岛纺织厂购买设备，因该厂缺乏资金，又妥善地帮助该厂协调回绝，予以终止合同。

帮助江苏启东纺织厂购买梳棉机，为地方发展经济增强了力量。地区领导和厂长当然很满意，也非常感激。当黄宝妹离开时，厂里经营得非常红火，效益也十分好。为表示感谢，启东纺织厂在过春节时，专程送给黄宝妹人民币2000元的红包，黄宝妹态度坚决，没有收。当时有关政策方面规定，帮助购买设备可以提取3%~5%的介绍服务费，按总价算下来至少有几万元钱。黄宝妹说："我已经拿了职务津贴，这 2000 元不能收，我是为工作，不是为钱。"当时有人问她："你帮助几家厂购了多少设备、干了多少工作？"连黄宝妹自己也说不清。还说："我是个思想比较活跃的人，改革开放给人们提供前所未有的发展机遇，我想不失时机地干一番事业，为企业做点事情，也是我应尽的责任。"1987 年的下半年，新疆生产建设兵团某团慕名而来，请黄宝妹去新疆石河子市协助筹建棉纺厂，从厂房设计到选址施工，购买设备到人员挑选及技术培训，黄宝妹数次进出新疆。此后，她还全力以赴，为几家纺织公司联系采购机械设备，一心一意帮助外省市发展纺织工业，勤勤恳恳办了一件又一件实事，真是壮志不已，雄心犹在。

不图虚名　为劳模办实事

飒爽英姿搞调研，一片爱心献他人。1990 年，时任市总工会副主席的裔式娟要黄宝妹到总工会退管会工作。她一口答应，义不容辞。主要任务是经常跑各区退管会，各局的退管会开会也要参加，了解和反映基层工会的工作情况，但没过多久，又调黄宝妹到市劳模协会工作。黄宝妹是劳模协会理事，调她去工作是顺理成章的事。到了市劳模协会，黄宝妹主要负责老劳模的工作。

上海市总工会组织了一次对全市获得过市部级以上劳模称号的离退休劳模的调查。黄宝妹在调查研究时，仔仔细细对 60 多名市级以上老劳模逐个进行生活状况调查，由全国劳模、市消防局迟宗融协助黄宝妹。当时规定没有补贴。迟宗融有一辆摩托车，载着黄宝妹到处跑。经过初步调查，不少老劳模由于种种原因，生活条件比较困难，有的非常艰苦，更为突出的是住房拥挤。于是，他们从住房问题着手，抓住典型举一反三，市总工会又请各局工会对老劳模的住房情况进行一次专题普遍调查，并把调查情况写成报告，说明劳模住房问题与全市部分市民一样，成了"天字第一号"的大事，送市委领导。市委领导看了材料，非常重视，作了批示。

在各区领导支持下，老劳模的住房困难（人均4平方米以下）问题及时得到了解决。如全国劳模蒋荣金，四口之家住在一间房子里，儿子年纪大了也无法结婚，写信给市总工会领导，黄宝妹了解情况后跑到徐汇区相关领导那里，区长亲自接待，具体反映了蒋荣金住房困难的情况，区长十分重视，责成有关部门及时帮助解决。第一次给蒋荣金分配房子，因离工作单位太远，并未解决好住房问题。后来，黄宝妹利用机会又一次向区领导反映，第二次得到调整，蒋荣金的住房终于得到圆满解决。

另外，有一位老劳模，家住在长宁区，她是支内回沪的职工，祖孙三代，生活很安定。一天打电话给黄宝妹，一边讲，一边哭，诉说她原来住房要拆迁，按现有人口和规定，动迁组的分配方案，只给她家分一套三室的房子，地点在江桥南面，离市区很远。她认为家里人口多，路又远，子女上下班很不方便，要求增加面积，新分房子近一点。对此与动迁组谈过20多次，也曾向有关方面反映过，均无声无息，几乎变成了"钉子户"，问题一直未解决。黄宝妹听后，经过思考，认为这是个难题，既有政策问题又有实际情况。于是黄宝妹冒着夏日38℃的高温，早上7点从家里出发，赶到长宁区，一边找到所属居委会党组织联系，一边与动迁组反映和商量，提出在政策允许范围内能否对劳模适当予以照顾，经过反复协调，做他们两方面的工作，既让动迁人员认识到住户确实有困难和合理要求，又让住户理解动迁工作应该按政策办，劳模也不能有特殊要求，最终动迁分配方案得到了调整，劳模一家在金沙江路附近分配到了二套两室一厅及一套一室一厅，共三套约180平方米的房子，使他们祖孙三代住房困难问题得到了较好的解决。对于黄宝妹的工作，不但这位劳模感恩不尽，而且连动迁组的同志也深表感激，认为她做了一件好事。

还有一位老劳模也是回沪的职工，孤身一人，无家可归，投亲也没有房子居住，当时想买一间简屋，经好心人介绍，买一间房子要支付人民币7万元左右，但自己经济不宽裕，拿不出来，急得双脚跳。此时市劳模协会拿出人民币1万元；此外，黄宝妹创办的英豪科技公司与倪海宝所在公司商量也各拿出人民币1万元。经过一番动员，七拼八凑，帮助这位劳模买了一间房子，使她有了安身之地。此后，这位劳模感激万分，逢人便说："是好姐妹、好党员黄宝妹出力帮助我解决住房问题，感谢共产党培养的好党员。"

有一位老劳模，丈夫是烈士。她24岁就开始守寡，住房十分困难，儿子是侏儒，媳妇是跛脚，孙子读高中，生活非常困难，这位劳模的思想比较苦闷，情绪也很悲观，有绝望念头。黄宝妹得知后，约几位劳模到她家里访问并耐心地做思想工作。同时，在经济上对她予以帮助，又设法请有关部门帮助解决了住房困难问题，使这位老劳模看到了生活的希望，消除了杂念，愉快地生活。这位老劳模在生命弥留之时，嘴里一直叫着黄宝妹的名字，让她媳妇打电话给黄宝妹，黄宝妹得知后，又约了几位劳模一起去看望她，安慰她。当晚那位老劳模安详地离开了人世。

不改本色　精神不减当年

艰苦创业开头难，细心耕耘做好事。黄宝妹和裔式娟在劳模协会工作中，经常碰到经费困难的问题，她们没有伸手向领导要求解决。同时，他们在思考，帮助劳模办点实事，解决一些矛盾，光靠自己掏腰包或者让别人赞助，也不是长久之计。钱从哪里来，众说纷纭。黄宝妹说："不靠天，也不靠地，靠自己挣钱。"于是，他们决定开办一家公司。不久，上海英豪科技实业公司成立，目的是赚了钱为劳模多办点实事，为社会多承担义务。公司规模并不大，知名度却不小。由黄宝妹等人集资人民币十多万元，又向民营企业借了十几万元，注册资本30万元人民币。同时，她们还得到了多方的鼎力支持。如共青团原市委书记张浩波，著名劳模王林鹤、杨富珍、裔式娟、毛信贤等主动集资大力支持，一共有20多人作为股东。公司刚注册时临时在浦东4805工厂借了办公地方，因路途太远，商量工作不方便，由市总工会腾出一处房子给公司作为办公场地。公司董事长由全国劳模上海锅炉厂刘金堂担任，黄宝妹担任总经理。

他们既当领导，又跑业务，人们都亲切地称"英豪"为"劳模公司"。公司曾先后得到宝钢公司、杨浦发电厂、上钢五厂、闸北发电厂、张家港等单位的支持和合作，为企业提供辅助服务。公司主要做管道保温项目，提取5%作为利润，除了必要的股东分红，归还投资注册资金后，章程规定也不再分红，余下的利润全部用于老劳模的活动费用，逢年过节，尤其是五一劳动节、国庆节等，总要拨款组织劳模会议，让老劳模们欢聚一堂，气氛和谐，热闹非凡，虽是聚餐，发点慰问品，发放的大都是纺织系统名牌产品，如毛巾、被单等，却深受大家的欢迎。

回忆当年成立公司原因，黄宝妹不胜感慨。她认为不仅是为了解决活动经费问题，而且可以帮助部分劳模解决经济上的一些困难。在工作中发现，由于当时整个上海社会经济处于转型期，许多劳模所在的单位出现不同程度经营困难，企业效益明显下降，这就或多或少地影响到老人们的经济状况。有的家庭负担很重，一老养一老；有的则体弱多病，常年要承担高额医药费；有的住房困难，矛盾突出。她还发现，不少20世纪50～60年代的老劳模，大多数在90年代初就退休了，那时拿的工资水平低，退休金只能维持正常生活，子女表现好，有出息，家境好，老劳模日子过得较好。如果只能依靠退休金或身患疾病，或有其他负担，这些劳模日子就过得比较艰苦。她印象最深的是一位半瘫痪的老劳模，她没有儿女，生活很不方便，退休后厂里效益又不好，经济生活很困难。

这种情景让黄宝妹看在眼里，痛在心里。黄宝妹心想：虽然组织上或社区都非常关心劳模，但是自己如能多发挥一些社会力量，不是能更好地帮助他们吗？于是萌发成立这家公司的想法并付诸实施，黄宝妹成了业务主要骨干，所有经营业务都由她来处理，似乎拥有"权力"，实则劳心劳力。有一次，为了获得上海建设党校制作工作服的订单，家住在东区的黄宝妹从杨浦区长阳路前往该单位前后跑了10多次，每次去都要纵贯大半个市区。当时正是酷热的夏天，乘坐的车子没有空调，就像待在烤炉里一样，可是她乐此不疲，有一个信念支撑着她的工作——尽心尽力为劳模们服务。黄宝妹为他人困难牵肠挂肚、四处奔波的精神，打动了许多人。

黄宝妹不仅关心老劳模，而且把老人们当作自己的亲人。老劳模们无论是生病、出院还是其他大事、小事，总会打个电话或带个口信告诉她。有一次，她接到一个特殊的电话，是早已过世的劳模蔡龙英的儿媳打来的，电话里她滔滔不绝地说："我们全家一直受到您和劳模公司的关心，老人生前时刻想到您，称赞您。现在我家孩子参加工作了，第一次拿到了工资，想把这钱捐给公司，表达我们的心意！"这朴素的话里蕴含着多少难以描述的感激之情。但黄宝妹在电话里最终婉言谢绝了捐款。她说，捐款无论多少，这份情义无疑是她得到的无价馈赠，也是黄宝妹他们辛苦工作的最佳回报。

这就再一次证明劳模办公司，绝非是赶时髦、谋私利，而是有感于广大劳模在职时辛苦，有贡献，退休后生活清苦，仍然需要关心。一位媒体著名人士称赞："好哇，黄宝妹不愧为老劳模，新英豪。"但是，话还得说回来，劳模公司的股东们精神可嘉，毕竟不是生意人，他（她）们曾经在各自岗位叱咤风云，创造奇迹；但是在市场经济的大海里，却难得持久的一帆风顺。这个公司办了12年零6个月，黄宝妹在各位股东热情而鼎力的支持下，尽管她退休那么多年，还是干劲十足地忙碌着，以当年纺织女工实干苦干的精神，风采奕奕，丝毫不减英雄本色。如今，黄宝妹已从花甲忙到古稀，随着年龄增长，却有点力不从心，难以为继。终于，在她76岁那年，注销了公司。

不忘友情　给姐妹送温暖

初冬久旱送甘露，冒着细雨探劳模。一天上午，公司总经理黄宝妹因节日将要来临，邀约杨富珍、倪海宝、毛信贤等人，乘坐小面包车，专程向劳模们送温暖，探望对象既有生活困难户又有久别未逢的姐妹们。车子在平坦的马路上行驶着……不久，她们便来到了上棉二十一厂全国老劳模钱芬娣的家门口，"芬娣啊！"站在门外的黄宝妹、杨富珍等热情地一边喊，一边敲着门。门打开后，钱芬娣走出大门便激动地分别同黄宝妹、杨富珍等人一一握手，连声说："侬好！侬好！"进屋让大家坐下来，钱芬娣不是忙着剥香蕉，就是泡上一壶茶。黄宝妹送上了寿星贺卡和慰问品，面带微笑地说："祝你健康长寿！"钱芬娣乐呵呵地感谢道："我祝英豪公司兴旺发达，福星高照！"劳模姐妹虽然难得见面，但情深谊长，滔滔不绝地交谈，亲亲热热地问长问短。黄宝妹说："20世纪50～60年代的劳模退休后，有的人经济总是不那么富裕，最近好些了，政府关心劳模，明确有了劳模津贴。你是全国劳模，每月多发100元，如退休早的还可以加20元。"这时钱芬娣脱口而出："哎，钱我还未拿到，厂里有20多位市级劳模都没有到位。"还说自己有一笔医药费要到明年3月才能报销。倪海宝接过话来说："我帮你去沟通，按规定，老劳模可以优先报销医药费。"一番畅谈后，大家便依依不舍地离开了，后又来到上棉13厂老劳模董爱芬的家中。董爱芬向她们倾诉了自己患有心脏病和住房困难问题。黄宝妹现身说法安慰她："人要做到心态平衡，忘掉一点烦恼，适当锻炼身体，经常走动并做到笑口常开，穿着整齐，活得潇洒点。"逗得77岁的董大姐不停地哈哈大笑。随后，她们又来到原上棉三厂的全国劳模谈阿凤家。当谈阿凤见到往日老姐妹来看望她，一连重复说了好几次："今天真开心呀！我很激动的！"她很婉转地说了心里话："我住的这个地方，很快要动迁了，如果搬到郊区去，看病就困难了。"黄宝妹当即表态说："侬有心脏病、高血压，市劳模协会可以帮你，向有关方面反映，房屋分配能否靠近医院近些。"

　　友情不能忘，原则不能丢。一天，黄宝妹正打算休息时，突然电话铃声响了，她马上接电话，对方是一位老劳模，说她心脏病发作，怎么办？黄宝妹先对她说："快到医院治疗，否则生命危险。"随即又赶到医院，主动帮她联系熟悉的医生，及时让她住进观察室，经初步诊断需住院做手术，又连忙帮助她办手续。医院一位教授见黄宝妹对同事如此热心，一次又一次来医院探望，于是，他决定亲自予以手术。经他手术治疗一段时间，这位劳模身体恢复了正常，她便逢人就说："是黄宝妹救了我一条命。"黄宝妹告诉她："不是我，是医院救了你的命。"同时，这位劳模接着说："是否给医生送一个红包？"黄宝妹摇了摇手说："欠妥，还是送一面锦旗吧！精神鼓励比物质强。"这样既表示心意，又体现廉洁精神。

其实，黄宝妹何止帮助这样一位劳模。有一天，有一位劳模为了家庭财产，争论不休，也找到了黄宝妹。这位劳模因丈夫去世后，很悲痛也很苦恼，但子女们对家庭资产分配有想法。应该如何解决呢？黄宝妹认为帮助他人，不能因为劳模情谊，是非不分、予以妥协，应按原则办事，此类事有政策规定，于是，一边劝说，一边建议通过法律途径予以合理解决，后来，通过法院解决了这起财产分割案。

不怕挑刺　创建"劳模之家"

东风劲吹浦江岸，劳模旧貌换新颜。为了丰富文娱生活，英豪公司在黄宝妹引领下，先是老劳模程德旺在中山北路上创建了第一家，不久普陀区出现了第二家。后来，市劳模协会领导通知黄宝妹以英豪公司名义在市中心北京路"银发大厦"九楼筹办一个"劳模之家"，这一举措正合黄宝妹心意。在筹办过程中，不仅得到领导的支持，还得到了各方赞助，有的企业赠送一套音响；有的送家具、沙发；还有的企业送来空调和各式各样的装饰品等，整个活动室装潢得富丽辉煌。在劳模之家开张那天，有100多人参加。开幕式办得既隆重又有声势，是一次别开生面的全市老劳模盛会，人人面带笑容，个个拍手称赞，千言万语一句话："现在我们有个家了。"全国总工会副主席、市人大常委会主任陈铁迪，市总工会原主席包信宝，还有教育工会主席等人也来到劳模之家祝贺。

"劳模之家"建立后，每一次活动时，劳模们又唱又跳，有声有色，他们成立由60多位劳模组成的歌咏队参加大合唱，还成立了沪剧队、越剧队、时装表演队、各种兴趣小组等，让这些劳模老有所乐，焕发了青春。劳模之家还开展献爱心活动，《解放日报》、电视台组织与老劳模开展"手拉手"献爱心活动中，对著名全国劳模王林鹤爱人、马秀英等10位困难户老劳模进行慰问活动，许多劳模个人也摸腰包出钱，为每户送上一个1000元红包。这次活动在社会上影响很大，既是献爱心，又是弘扬新风尚。

"劳模之家"活动频繁，社会影响也很大。有一次，应邀请到武警会场演出节目。节目主要反映老劳模生活风采，再创新辉煌。为了完成这次演出任务，大家不辞辛劳认真排练。英豪公司出资添制各种道具和男女各式各样服装服饰，如新式连衫裙、围巾、领带等，花了不少钱。这场戏共演出2个小时，精彩感人，赢得了观众不断的掌声。为此，电视台专题拍摄了73分钟电视纪录片，滚动放映。放映后，人们称赞说："来自各方老劳模，莺歌燕舞添新颜。"

一场一场的精彩演出，获得了众口称誉。此时有人责怪黄宝妹为什么不与邀请单位签署合同！然而，心直口快的黄宝妹斩钉截铁地说："这是劳模演出活动，又不是做生意，要签合同收费有损劳模形象！"

后来，考虑到黄宝妹年龄高，家里住东区，劳模协会安排她到杨浦区"劳动公园"内筹备第四家"劳模之家"。未开张之前，黄宝妹给杨浦区原区委书记陈安杰打了个电话，邀请他到场指导工作。那天陈书记来到新建成的劳模之家，进门时正遇到来祝贺的程德旺，进场后又见劳模们个个站着等候，见此情景，陈书记当即表态："等沪东文化宫改造好给你们安排两间大一点活动场地。"老劳模们异口同声："谢谢领导关心。"不久，在陈书记的鼎力支持下，"劳模之家"便搬到新的地方。除好心人企业家送来一张"全身按摩椅"外，许多活动器具及装饰都是"英豪公司"提供。这个"劳模之家"活动场所，每周四劳模前来活动已成为雷打不动的制度，参加活动的人一进门就念念不忘黄宝妹所作的努力和倾注的心血——为大家又办了一件大好事。

不贪享受　一辈子做好事

情系他人忙不停，晚霞满天更鲜艳。黄宝妹退休之后一直忙碌着，76岁时做事的脚步也并未停止，还是干劲十足地忙碌着。她还是经常参加社会活动和社区的大小会议，每周四去沪东工人文化宫的劳模之家与劳模们相聚，唱唱歌，跳跳舞……她和大家一起认真学习党代会精神，畅谈要为实现中国梦作贡献。凡是能出力的，黄宝妹肯定不会推辞。

黄宝妹仍然追求着人世间的美好梦想——中国梦、她的梦，身体力行地创造着生命的辉煌！近来，她曾先后到浦东新区周浦镇文化活动中心、虹口区久耕里社区、南克剑、浦东现代化企业等许多地方，以自己亲身经历，结合老人实际，热情洋溢地宣讲"弘扬劳模精神，发扬优良传统"，并具体生动地阐述时刻不要忘记共产党员要一辈子为人民服务的人生准则。她的现身宣讲，每次都打动着许多听众。他们称赞说："黄宝妹讲得实事求是、有声有色，很有说服力，我们受益匪浅。"

黄宝妹出门坐公交车，见有老人上车即主动让座。在车上有人看见一头白发的黄宝妹站着，坐着的人便马上给她让座。对此，她总是说："我身体比你好，你坐着吧！"有些年轻人看此情景十分感动，会站起来给她让座位。

黄宝妹还很关心环保，注意节水。有次，她看小区里有水龙头滴水，便主动走过去关紧水龙头。还有一次，她看到地上有饮料瓶子捡起来放进分类垃圾箱里……天冷的时候，在家里早上用热水刷牙，她总是从盥洗室拿着杯子到厨房间里从热水瓶里倒一点热水用。她说："不是舍不得多支付水费，而是浪费水资源，如水龙头一打开，热水只用一点点，冷水要浪费掉许多，对环保不利。"俗语说得好，不要以为人老，但"发光并非是太阳的专利，只要努力加上智慧，你也可以发光的"。

岁老根弥壮，阳骄叶更阴。黄宝妹已经退休多年了，仍然退而不休，干练敏捷，逢人就笑，劳模风采，丝毫不减，雄心犹在，为他人服务，为实现人生愿望谱写着一首美丽的晚霞歌曲。

如今90岁高龄的黄宝妹，虽然已经满头白发，仍在发光发热，为人民服务，让人想起了著名作家雨果的一句话："人有了物质才能生存，人有了理想才谈得上生活，你想了解生存和生活的不同吗？动物是生存，而人则是生活。"生活道路在黄宝妹的脚下仍在延伸——生命不息，奋斗不止。

黄宝妹（前排右一）与上海市纺织控股集团公司原党委书记朱匡宇、
局工会原主席王水官及劳模杨富珍、裔式娟、倪海宝、苏寿南等合影留念

黄宝妹与著名劳模包起帆、杨怀远、徐虎等在"劳模之家"聚会

黄宝妹与全国劳模赵芳合影

黄宝妹（右一）与上海市劳模协会理事包起帆、张耿耿、徐虎、马桂宁等合影

黄宝妹（右一）主持劳模之家成立大会

黄宝妹与劳模合唱团在演出

黄宝妹（中间）与著名沪剧演员邵宾孙在常熟沙家浜赠书时留影

黄宝妹（左一）等人在上海市劳模迎春茶话会上演唱越剧

黄宝妹（右二）与上海百老讲师团部分成员合影

黄宝妹（右三）参加英豪科技实业公司成立10周年联谊活动

黄宝妹（左二）与好友朱慧琴、张福珍、夏正娥合影

黄宝妹（右二）与著名主持人曹可凡、劳模朱可安等人合影

黄宝妹与上海第十七棉纺织厂老领导、老同事合影

第八章

晚年的幸福生活

黄宝妹从单位退休已有30多年，在退休时曾立下誓言：闲着也要再干一番事业。她认为，共产党员任何时候，责任不能忘，劳模本色不能丢，虽然退休了，但人的思想不能退休。

健康是生活快乐的保证

人没有一个好的身体就没有一切。如果一个人百病缠身，痛苦不堪，整天抱着药罐子，哪有快乐的幸福可言。黄宝妹深深地懂得这一点，因此她注意自我保健。而保健的关键是要心态平衡，平时要戒骄戒躁，不自找麻烦，与人为善，多为他人考虑，所谓"药补不如神补"。然而，心态好的关键是自己要有幸福感与满足感。黄宝妹有一句名言："人活着，要有一点精神。"心态好，烦事少，身体好。在劳动之余，尽情歌舞一番，唱唱跳跳，不但鼓舞士气，分享快乐，而且还可以解除疲劳，强身健体。现在退休在家的黄宝妹，把健身生活化；她不把参加各种活动当作负担，而是无时无刻将其融入生活。她说，过去做出了点成绩，党和人民给了她无上的荣誉与地位，退休后"落差"很大，但她转变了自己的心态，承担起家中一员的责任，带动家中的晚辈，构建一个和谐的家庭氛围。她与邻里关系也非常融洽，谁家的邮包来了没人在家，她就代为收下。谁家有困难了，她就主动去帮助。因此，她在邻里与老劳模中声誉很高。如有集体外出活动，她不去时很多人会问："黄宝妹怎么没来啊？"黄宝妹到哪里，哪里就有凝聚力。

在自我保健锻炼中，开始她每天上午走一个80分钟的路程。这不是一般的走，而是快走。她经过看表计算，一分钟走120步，快的时候可以达到1分钟130步，要是降到1分钟100步那就太慢了。从她家到杨浦公园步行要20分钟，大约是2500步。在杨浦公园快走一圈是2500步，走两圈就是5000步，走了两圈，她就在河边休息一会，或和大家说说话，跳跳舞。跳完舞后，她再从杨浦公园步行回家又是走了2500步。这样每天就快走10 000步，如此行走速度和强度，别人听了都感到辛苦。

其他人和她一起走时，都跟不上她的节奏。但她完全没有勉强，自己走起路来，脚步轻盈，走完也不会大喘气，真是"万步走助我身体好。"随着年龄变化，她改变活动方式和运动量，但坚持适当运动，如有氧散步活动，更为科学，更有利于健康。

黄宝妹对饮食也是非常有讲究。她认为：饮食要合理，饮要符合促进身体健康的饮品，食要有利于健康安全，更要做到饮食平衡。她从来不吃山珍海味也不挑食。她什么都想吃，什么都能吃。但她能克制，坚持每日多食素，少食荤，吃了一块排骨就不吃油面筋塞肉，数年如一日地做到"迈开腿，管住嘴"。

由于她做到了"迈开腿，管住嘴"。目前，黄宝妹虽然是90岁高龄老人，一头银发。但处处充满活力和干劲，笑声爽朗，行走如风，有些年轻人都无法与她相比。道理很简单，她有一个良好的心态，做到心平气和。

四代同堂靠的是相互理解

说到家庭，黄宝妹满脸春风、喜笑颜开。黄宝妹夫妻俩，孙子孙媳妇，一老一小，两对夫妻都有自己的房子，但他们却都住在黄宝妹儿子家里，图的就是一家人热热闹闹、开开心心。一家七口人住在同一个屋檐下，家庭中的黄宝妹夫妇，儿子儿媳夫妇，都已退休，还在工作的孙子孙媳夫妇，还有一个读中学的重孙女，是一个名副其实的四代同堂家庭。每天晚上，全家人团团围坐在一大桌子上吃饭，有说有笑，欢聚一堂，享受天伦之乐。

整洁的客厅里，鱼缸里的金鱼在自由游荡。"四代同堂"在我国自古以来就是美满幸福的象征。黄宝妹和谐的四代同堂家庭，确实令人羡慕。

2011年，上海电视台新闻综合频道"新闻坊"栏目组要拍摄黄宝妹的和谐家庭，准备滚动播放。记者到黄宝妹家来采访，问起家庭中曾发生过什么矛盾，又如何解决？黄宝妹沉思了好长时间说："全家这么多人同住在一个屋檐下，同吃一桌饭，矛盾、摩擦总是难免的。"但是，全家人相互体谅，相互谦让，相互包容。如果有了矛盾的苗子，就把它扼杀在摇篮里，有不对的地方大家都要忍一忍，事后心平气和地再拿出来讨论解决了。对于过去的事再不要把"陈谷子、烂芝麻"似的事翻出来。比如，有一次吃饭时，黄宝妹的儿子随便说起自己的血脂有点高。黄宝妹听了就说家里有药，叮嘱儿子一定要吃。媳妇却说："药就不要吃了，平时饮食方面注意点就可以了。"孙媳妇也接着随口说了一句"有病不是靠吃药吃得好的，要靠锻炼"。对此，黄宝妹听了这话心中很郁闷，心想："那么有病不治疗，还要医院做什么！这明明是冲着我来的。"但是，如果马上"还击"，会当场争吵起来。第二天，她便向儿媳说出自己的心里话："昨晚，我想了想，你们说得也有些道理，人生病，食补与锻炼是至关重要的。你们没有故意要冲着我，和我对着干的意思。因此我没有与你们计较。"黄宝妹的一番话说得儿媳差点双眼进出了泪水。长辈以身作则的形象，无疑给这个和谐家庭带来了极为深刻的影响，晚辈对她也尊重之余不忘平等。如果小辈觉得她这句话说得不对了，也不会当场和她争论，而是事后跟她说："奶奶，你前两天那个话说得不太对噢。"黄宝妹也会冷静理智地接受，有则改之，无则加勉。由于这样相互体谅、退让和包容，家里真是要吵也吵不起来。何况黄宝妹知道包容、忍耐和善良是一个老年人应该具有的品质和修养。

俗话说得好："家家都有一本难念的经。"然而，黄宝妹家却有"一本好念的经"。当今社会的许多家庭在经济方面总是斤斤计较，为钱多钱少争论不休，闹个不停。而黄宝妹家里，从来不会为经济而争论。平时花钱，三对夫妻相互不干涉，小辈们穿戴要买名牌，黄宝妹从不反对。她认为年轻人有年轻人的性格和爱好，而她自己是非常简朴的，买衣、买袜总是挑便宜的买，很少购买上百元的或名牌服装。平日里，她很节俭，也从不浪费，哪怕一滴水、一度电甚至一颗米粒，也不允许浪费。她一直教育宝贝重孙女，饭碗里的粮食不能剩，农民种田很辛苦，浪费实在可惜。有时重孙女用筷子吃饭，碗里的饭粒捡不干净，就一定要她用勺子刮干净。黄宝妹还风趣地背诗给重孙女听："谁知盘中餐，粒粒皆辛苦。"在她的督促下，重孙女每次饭毕碗底里都干干净净。

小辈们说:"看上去奶奶好像很吝啬、小气鬼,但对于用钱从不计较。"黄宝妹也常说:"既然是一家人,钱不能看得太重,感情要放第一位。"他们一家人用钱不分彼此,你有钱用你的,我有钱用我的。家里买大件的东西,黄宝妹总是自告奋勇多出一点。"我们的钱总是要给小辈的。他们自己也有小孩,未来的路也长,压力负担什么都比我们大,现在把钱给他们用,他们也开心,否则绞尽脑汁想着怎么把钱藏好,自己受累不说,等百年之后,还要被孩子埋怨小气,何必呢!"俗话说,老年人都有存钱养老的习惯,但黄宝妹自己用钱的意识很"新潮",钱不必多藏,等钱用剩下了再存银行,不要工资一拿到手就去存了,那肯定不够用。黄宝妹相信,只有小家都从小事和谐起来,大社会才会变得更和谐、更美好。

多年来,拥有七口人的黄宝妹家庭,四代同堂,和睦相处。小辈尊重与孝敬长辈,长辈爱护与关心小辈,被街坊邻里传为佳话。

六十多年的钻石之婚

世上都说妈妈好,还有老伴是个宝。谈到婚姻,讲到老伴,黄宝妹非常得意。她说:"我们结婚已有60多年,1948年,我18岁时,虽然是父母作主与老吴结了婚,但结婚后一直共同生活,爱人为这个家付出了很多,我之所以能在工作中作出成绩,获得荣誉,全靠老伴的支持。就像歌曲《十五的月亮》唱的那样,'军功章啊有你的一半,也有我的一半。'"其实,不管是成功的男性还是女性,身后的伴侣大都起了很大作用。黄宝妹在职时有一个温暖的后方,是她在外全力拼打的基础。

黄宝妹说:"60多年的婚姻,我们经受住了种种考验。"自1953年被评为纺织工业部劳动模范后,《人民日报》先后47次报道黄宝妹的先进事迹,黄宝妹成为报刊、杂志等媒体"曝光"较多的新闻人物。黄宝妹的事迹和最美丽的劳模形象的大幅照片,频繁出现在人们的视线,因而成为很多未婚男子爱慕与追求的对象。从此,求爱的信件像雪片似地飞向上海国棉十七厂。信中有的毛遂自荐地介绍了自己家庭和经济情况,以及本人的身高、体重；甚至还有很多著名人士和深受全国人民尊敬的抗美援朝志愿军战士等也纷纷寄信向她示爱，黄宝妹把这些信都交给厂党委和工会处理。厂党委看了后就叫作家协会常驻厂里的作家杨波写回信。由于数量极多，就决定油印后分开寄，把油印信送到上海市总工会，总工会的负责人一看就说："不行！怎么能油印呢？必须手写。"于是，厂党委就把抄写任务交给了厂教育科，抄写人员接到任务后说："抄可以，但黄宝妹的照片必须给我们每人一张。"黄宝妹只得翻印了大量照片让厂党委分发给他们。

　　回信寄出去了，但效果甚微。求爱信照样不断地往厂里寄。《人民日报》方面得知此事后，报社有意识地两次采访刊登有关黄宝妹家庭情况的文章，并刊登了合家欢的照片，说明了她已有丈夫与儿子，从此，才恢复了平静。

　　按黄宝妹的知名度和地位，有人说找一个高干或高级知识分子毫无问题。她的丈夫是一个普通的工人，没有特长，面对这么多追求者，是个可以精挑细选的好机会。但黄宝妹对婚姻问题，有她自己的看法。开始是受"嫁鸡随鸡，嫁狗随狗"的封建思想的影响，后来认识到婚姻是个严肃的问题，涉及人生命运和价值，不能当儿戏，不能说离就离，说散就散。一般说来，对方只要人品好、为人忠厚、热爱劳动也就够了，因为世界上不可能所有美好的东西都是属于你的。但现在社会上离婚率这么高，其中很多人就是对待婚姻不够严肃，抱着轻率的态度，结婚、离婚、复婚，就像家常便饭，这样不好。要有一个正确的婚姻观，俗话说得好："年轻夫妻老来伴。"

　　黄宝妹说："退休前，我忙于工作和社会应酬，很少在家，加上我和爱人不在一个车间工作，我们的班头也不对，所以，厂里见不着，在家里也很少见。退休后情况就不一样了，天天在一起，一起生活，一起旅游。在为江苏启东开办棉纺织厂而到全国各地购买机器时，由于江苏启东派不出人，老伴对我一个人出去不放心，他主动提出不要报酬，不要工资，陪我到青岛、横岛、北京、太原榆次、武汉、余姚、绍兴、宁波，到处跑业务。"退休后，他们的感情更上一层楼。

　　2010年后，老伴的身体欠佳，有气管炎、心脏病、耳朵又聋，凡是出门，黄宝妹都事事照顾他。尽管身体不好，他还是非常关心黄宝妹，外出过马路时叫黄宝妹小心汽车，生活中经常为黄宝妹买些她爱吃的。他们相互关心，相互爱护着，实属珍贵的钻石之婚！

尊老爱幼　和睦相处

黄宝妹一家四代共七口人是敬老爱幼的楷模。黄宝妹对小辈爱护有加，小辈们对老俩口也是十分孝敬。儿媳与孙子常跟他们说："你们老俩口过去为工作劳累，含辛茹苦地把我们抚养大，现在应该享享福，趁走得动，出去旅游旅游，费用我们付给。"短短的几句话，黄宝妹听在耳里暖在心里。黄宝妹听取了小辈的提议，同老伴一年内23次外出旅游。近几年，老两口游了黄山、庐山、泰山……他们还想在余生之年游遍大江南北。

上海冬天天气寒冷，儿子两夫妻与孙子孙媳都建议他俩到海南岛去旅游。出发前儿媳给了一千元，孙子也给了一千元，黄宝妹都尽数收下，其实她并不缺钱，但这份心意她都记在心里。

2011年夏天，上海的天气特别炎热，儿子儿媳叫他们老两口去东北三省游玩，那里的气候刚好适宜，但考虑到路途遥远，又要游玩三个省的胜地，人肯定会受累，让家人不放心，因此，儿子陪他们去。他们游了辽宁又游丹东，看到朝鲜战争年代被美军炸毁而剩下的半截鸭绿江大桥，它见证了当年志愿军为祖国、保和平、保家乡赴朝参战，打败了美帝国主义，粉碎了意图称霸全球的狼子野心。在丹东由于饮食问题，一批人出现腹泻，包括黄宝妹的老伴。回到沈阳，儿子陪着父亲住进了医院，打点滴过程中，儿子一直陪伴在父亲身边，黄宝妹老伴到第二天病情才有所好转。至今，黄宝妹还回忆说："那次多亏儿子一起陪着去玩，否则，我们一点办法也没有。"

全家出游，其乐融融。那是2012年初春，孙子开了辆七座小车，载着全家人到南京旅游。黄宝妹全家人游览了中山陵、夫子庙、总统府，参观了侵华日军南京大屠杀遇难同胞纪念馆。那次在南京游玩两天的费用都由孙子包揽。

黄宝妹的孙子对奶奶、爷爷的健康很是关心，每年都要花数千元钱购买各种保健品给他们服用。当第一次买来时，黄宝妹听说要几千元钱，认为太贵了，就对孙子说："下不为例。"孙子说："奶奶，买给你们吃再贵也值得！"后来，黄宝妹老两口就再也不说了。黄宝妹如果出去开会晚了，孙子总是主动开车去接她。有一次，黄宝妹说好自己坐车回来，结果孙子来了个"先斩后奏"，主动开车去会场门口等她，再让妈妈打电话告诉奶奶，就是为了让黄宝妹拒绝不了。

孙子出去旅游给爷爷奶奶带礼物已成为他的惯例。有一次，他从云南旅游回来，给奶奶带回来一只玉手镯。黄宝妹问他多少钱买的，他怎么也不说。直到有一次，黄宝妹把手镯不当一回事地随便丢茶几上时用力重了一点，重孙女才说："您轻点放，摔坏了就要损失几千元钱呢！"黄宝妹才知道这个镯子是5千元买来的。她马上问重孙女："要5千元钱？你怎么不说啊！"重孙女说："爸爸叫我不要对你说的。"

重孙女，她可是家里的"开心果"。全家六个大人就她一个小孩，她非常活跃，聪明伶俐。经常逗得全家人哈哈大笑，她擅长跳拉丁舞，总是喜欢拉着黄宝妹在客厅里嘻嘻哈哈地转，有时还停下来问："太太，这样跳，行不行？头晕不晕？"黄宝妹高兴得连连说："不晕，不晕！"还经常教她哼唱沪剧《鸡毛飞上天》的唱段，这一老一少的亲热劲，谁见了都会欢喜。平日里爸爸、爷爷买东西给她吃，她总是要分点给太太黄宝妹吃，就是冰淇淋也要挖一勺给太太先尝一口。现在的孩子学习辛苦，小姑娘每天晚上做功课都要到很晚。黄宝妹想让她早点休息，就说："你要不和太太说话，太太要到敬老院去了。"重孙女一听她要去敬老院便马上停下来，缠着她："不行，不行，那怎么行呢！"

老伴到了冬天要吃膏方，平时都是黄宝妹为他准备打理的。前一阵子，江湾一家敬老院邀请几位老劳模去参观体验生活，黄宝妹就对儿媳说："我过几天到敬老院去，你帮爸爸把膏方调一调。"小姑娘在旁边听到了，一脸不高兴："太太，您怎么又要去敬老院啊？"黄宝妹说："我去参观体验，两天就回来了。"重孙女马上喜笑颜开，如释重负："噢，那还是可以的。"黄宝妹听了后，心里乐开了花。

兄弟姐妹　手足情深

黄宝妹原来有九个兄弟姐妹,"吃人"的旧社会夺走了她的六个兄弟姐妹的生命。现在只剩下黄宝妹和她妹妹、弟弟,作为大姐的黄宝妹更是珍惜姐弟妹之间的亲情。

黄宝妹对最小的弟弟尤为关照,自从弟弟从戏剧学院毕业后,孤身一人去浙江工作。父母在世时,母亲经常到浙江看他。父母百年后,黄宝妹就主动担起了照顾弟弟的担子,时刻把他记挂在心上,关心他的身体、工作与婚姻。1968 年,黄宝妹得知弟弟要结婚了,她高兴得请几天假带着喜糖赶到浙江为弟弟操办婚礼。由于姐弟间情义深厚,因此,弟弟凡是遇到了困难,总是向黄宝妹求援,黄宝妹也总是有求必应,也不求回报地帮助他。

1993 年,弟弟即将退休。黄宝妹考虑到弟弟退休后回沪没有立足的地方,准备为他买幢房子。这时正好家住浦东高东乡的妹妹说她那里有人要把马路边开商店的房子卖掉。黄宝妹拿出 3500 元交给妹妹把商店房子买了下来,以便等弟弟退休后回沪有房子住。在弟弟未退休回沪的几年里,商店就由妹妹家经营,从未收取妹妹一分租金。1995 年,经营的小店因拆迁分到了一套商品房,妹妹将 3500 元还给黄宝妹,但其未经过黄宝妹的同意早已把房产证的产权写在了自己的名下。黄宝妹对这件事尽管有想法和不满,但考虑到姐妹之间的亲情,也没有与妹妹计较。黄宝妹不为金钱只顾亲情的品质,值得世人称道和学习。正由于姐弟妹间的亲情存在,后来,黄宝妹还是千方百计帮助弟弟解决住房问题。如今,她们姐弟妹三人亲情依旧,来往密切,真是手足情更亲,互相尊重和谦让,令人敬佩。

婆媳和睦　家庭幸福

谈到儿媳,黄宝妹不无得意地说:"我和儿媳相处几十年下来从未有过口角。"儿媳妇已有 60 多岁,现今退休在家。几十年如一日,她把精力全部都放在家庭的家务与照顾年迈公婆、爱护小辈上，完全称得上是一个地道的贤妻良母。

平时，媳妇把三室两厅打扫得干干净净、整理得井井有条。全家七口人的生活起居，吃、住、行，她时时挂心。天快冷了，被子早已更换好；夏天到了，席子已洗净晾干。特别是七口人的一日三餐是她工作量最大、也是最忙的部分。各人由于习惯不同，口味也就不同，有的喜欢吃海味，有的喜欢吃猪肉，有的喜欢多吃素菜，而黄宝妹的重孙女喜欢吃鸡肉与牛肉。为了顾及各人的口味，媳妇每日一顿晚餐，有荤有素地摆满餐桌，面面俱到，天天对口翻新。十几个菜的原料购买、洗净、炒煮，虽然儿子有时也帮忙，但主要是她一人承担。

黄宝妹和媳妇的关系胜过母女。黄宝妹穿的衣服，媳妇都陪着去买。黄宝妹外出开会或旅游，媳妇把所需用的必需品包括药物都准备好。2009年，黄宝妹不小心扭伤了脚，脚肿得像馒头一样，媳妇每天用热毛巾给黄宝妹敷脚，整整敷了半个多月，从未有过半句怨言，正是"贤良媳妇心肠好"，在她的精心照料下，黄宝妹的脚肿才逐渐消了下去。公公年岁高，她还在尽心尽力地关心他的饮食。每天早餐都要换花样，昨天吃豆浆，今天泡麦片，明天冲泡核桃粉……黄宝妹见儿媳这么辛苦，很心疼，室内的清洁打扫特地雇了钟点工，在冬天还花几千元买了膏方让媳妇滋补身体。数十年来，儿媳对于长辈们的一片孝心，黄宝妹看在眼里，喜在心中。她常说："一家人相处得好，老要爱幼，可不是一个人做好就够的，都要互相关心，互相爱护，互相照顾。"

如今，黄宝妹晚年享天伦之乐，一家人亲亲热热、和和睦睦过着多姿多彩的快乐生活。她时时处处焕发着青春活力和充满干劲，真是越活越年轻。她还以当年的拼搏精神投身于各种有益的社会活动，折射出一个共产党人的多彩人生。

"人的一生只有三天。"在众多的荣誉面前，黄宝妹想到了一位名人说过的这句格言。她说：昨天已经逝去，今天还在缩短，唯有明天正在向她微笑、招手、呼唤。她要用退而不休、冲刺的精神拥抱明天，继续奋进在追梦的大道上，为党和人民作出最后一点微薄的贡献。由此可见，黄宝妹无愧为一个好样的中国女性,一位与时俱进的劳动模范、一名优秀的共产党员。

黄宝妹与媳妇翩翩起舞

黄宝妹夫妇与儿子全家合影

黄宝妹全家二十世纪八十年代的合影

黄宝妹对孙子进行传统教育

黄宝妹与弟弟、妹妹合影　　黄宝妹和全家人赴南京中山陵瞻仰　　黄宝妹夫妇与重孙女合影

黄宝妹与吴华芳金婚合影留念　　黄宝妹四代同堂

附件

黄宝妹的文章和事迹报道节选

附件 1

黄宝妹同志的简历

1931年12月26日出生在上海浦东高东乡麦家宅

1944年到上海裕丰纱厂（上海第十七棉纺织厂前身）工作

1952年5月加入中国共产主义青年团；同年11月加入中国共产党

1953年被评为中国纺织工业部劳动模范、上海市劳动模范

1954年被评为上海市劳动模范

1954年作为我国"五一"国际劳动节观礼代表团赴苏联参加活动

1954年8月至1964年为上海市第一~五届人民代表大会代表

1955年曾先后8次受到毛主席亲切接见；周恩来总理、宋庆龄副主席多次接见

1955年被全国青年联合会授予"全国青年积极分子"称号；同年被评为上海市劳动模范

1956年被评为全国劳动模范、上海市劳动模范

1956年当选为中国共产党第八次全国代表大会代表

1956年11月当选为中国共产党上海市第一次代表大会代表

1958年12月当选为中国共产党上海市第二次代表大会代表；同年被全国青年联合会授予"全国青年积极分子"称号

1958年主演由著名导演谢晋执导的电影《黄宝妹》

1958年随中国青年代表团出席在奥地利维也纳举行的世界青年联欢节；同年8月，赴捷克布拉格参加世界青年联盟扩大会

1959年出席了在中国北京举行的世界妇女理事会扩大会；出席大会的还有戈登夫人、康克清、王光美、邓颖超、蔡畅等

1959年被评为全国劳动模范、上海市劳动模范

1960年被评为上海市"三八"红旗手

1960~1963年被保送到华东纺织工学院（今东华大学）深造，毕业后回上海第十七棉纺织厂任技术员、工程师

1963年当选为中国共产党上海市第三届代表大会代表

1964年参加上海市社教工作团

1966年回上海第十七棉纺织厂车间劳动

1982年任上海第十七棉纺厂工会副主席

1987年1月退休后发挥余热，协助江苏启东办棉纺厂

1990年进入市劳模协会工作

1994年5月筹办成立英豪科技实业有限公司，直至2006年以后一直从事"劳模之家"虹口区发明协会等社区活动

2019年11月2日，习近平总书记在上海杨浦滨江人人屋亲切接见黄宝妹及重孙女黄梦菡

2021年6月29日，习近平总书记在北京人民大会堂金色大厅为黄宝妹颁发"七一勋章"

踏遍青山人未老

"七一勋章"获得者、全国劳动模范

黄宝妹

黄宝妹获得的各类奖章

106

附件 黄宝妹的文章和事迹报道节选

黄宝妹（后排左六）与上海市纺织局老领导井庆范、梅寿椿、丁力、杠双信、刘崇泰、施颐馨等合影

黄宝妹（右一）与著名越剧演员徐玉兰、孟莉英合影

黄宝妹（左一）与裔式娟、谭芾芸合影

黄宝妹（右二）与著名越剧演员张桂凤、王文娟合影

107

黄宝妹、余爱芳等劳模在南汇观赏桃花时合影

黄宝妹（右二）与著名越剧演员傅全香、昆剧演员王芝泉等演员合影

黄宝妹参加校庆活动后与校友合影留念

黄宝妹（左二）与著名电影演员乔奇、劳模蔡祖泉、程德旺合影

附件 黄宝妹的文章和事迹报道节选

黄宝妹（中间）与著名劳模裔式娟、著名滑稽演员王汝刚合影

黄宝妹（右一）与著名电影演员秦怡合影

黄宝妹（右一）与著名沪剧演员马莉莉合影

黄宝妹（右一）与著名京剧演员尚长荣、知名教师吴佩芳合影

黄宝妹（左一）与著名电影演员仲星火等合影

黄宝妹（中间）喜听劳模陆春龄的优美笛音

黄宝妹（右一）与著名淮剧演员筱文艳合影

黄宝妹（中间）与著名演员陈奇、周谅量合影

黄宝妹（后排左一）与著名滑稽演员杨华生夫妇合影

黄宝妹在嘉兴南湖参观时留影纪念

附件 2

终生难忘

黄宝妹

宋庆龄名誉主席逝世的噩耗传来，我同全国人民一样，万分悲痛。

宋庆龄同志是我们国家卓越的领导人，是妇女运动的领袖。德高望重、功绩彪炳，而又是那样慈祥谦逊、平易近人。我记得 23 年前，她老人家亲自视察我们厂，在百忙中同我厂工人一起度过了整整一天，我当时陪伴在她的身边，所受到的教诲，使我终生难忘。

那是 1958 年 10 月 17 日，领导安排我一起参加接待宋庆龄的工作。我的心情是多么高兴啊！当时，我还只有 28 岁，在党组织的关怀培养和同志们的帮助下，做出了一点成绩，2 次评为全国劳模，还拍了《黄宝妹》电影。在参加全国劳模大会和群英会时，我曾受到党和国家领导人、宋副委员长等领导同志的亲切接见。眼前我要陪伴敬爱的宋副委员长了，叫我怎么不兴奋呢！

上午 9 时许，宋副委员长来了，我随着厂领导走上去迎接她，我还亲热地扶着她老人家。当时宋庆龄同志一眼就认出了我，拉着我的手对我说："黄宝妹，你拍的电影我还没有看过，真想看一看。"一股暖流涌上心头，我想，这不是对我个人，而是她老人家对纺织女工的关怀、爱护和期望。厂领导马上与天马电影制片厂联系，在厂里放映。在看电影过程中，宋副委员长给了我许多鼓励，希望我谦虚谨慎，继续努力，为党和人民多作贡献。

宋庆龄同志对工人阶级的感情十分深厚。她听了厂领导的介绍，还参观了车间，看了技术革新项目。特别对女工保护和幼托工作非常关心，先后巡视了工厂保健站和托儿所，问了许多问题，作了不少指示。还到员工食堂同我们一起吃了中饭。席间，她亲自为我们挟菜、盛汤。这一切的一切，使我们十分感动。

回顾往事，我心情既激动又惭愧。23年来，我们的国家，我们每个人，都有许多变化；我们有许多成绩和经验，也有不少挫折和教训。我现在虽然已是年过半百的人了，但一想到宋庆龄同志当年对我的教诲，想到她老人家八九十岁高龄还在操劳国家大事，在她一生最后的时刻加入了中国共产党，给我增添了无穷的力量。宋庆龄同志这种彻底的革命精神，是她老人家留给我们的宝贵精神财富，是鼓舞我们前进的巨大动力。今后，我一定要更加认真地学习，更加努力地工作，完成领导交给我的培养青工操作技术的任务，为人民多纺纱、纺好纱、多织布、织好布，用实际行动悼念敬爱的宋庆龄同志。

（本文摘自1981年6月上海《工人创作》第六期）

附件3

先进女工黄宝妹

黄成书　任务

在最近厂里举行先进工作法能手观摩表演会的那天，有个女工仔细地观摩了黄宝妹的每一个操作，当她看到黄宝妹做套钢丝圈的动作时，不禁惊奇地说："太熟练了，我的眼睛还没有来得及看，她就套上了。"的确，提起全国纺织工业劳动模范、青年女工黄宝妹，许多女工都称赞她是工作法最好的生产能手。

在国营上海十七棉纺织厂细纱间的值车女工中，要数黄宝妹的皮辊花出的最少；她纺的二十三支纱，皮辊花率只有0.307%。黄宝妹每天一进车房，脑筋里就盘算着怎样才能减少断头、少出皮辊花。她认为皮辊花是生产上的一个漏洞，细纱值车女工如能少出一两皮辊花，就可以多纺一两纱。因此，为了节约用棉、降低成本；为了积累国家工业化的资金和多出纱布以满足全国人民的需要，每个纺织女工都应该大力节约用棉。

很多女工常常问黄宝妹："你白花出得这么少，到底是什么窍门呀？"她毫不犹豫地回答说："没有别的窍门，最好的办法就是掌握好工作法。"这不是瞎说，在黄宝妹的车间里，女工们一讨论到执行"郝建秀工作法"的问题，个个就都说黄宝妹执行工作法是"肚皮里有钟，手里有磅秤"。这就是说她能正确地掌握巡回时间，减少皮辊花。有一天，党支部书记抱着好奇的心理，特地做了一次实验。她将黄宝妹手上戴的一只手表借来，先看了看表的指针，告诉黄宝妹："现在是x点x分。"等一会，她再问她："现在该几点几分啦？"黄宝妹毫不迟疑地回答："现在是x点x分。"党支部书记对了一下手表，不禁哈哈大笑起来，说："宝妹，你肚皮里可真有钟，这只手表不要戴它了。"大家说黄宝妹"手里有磅秤"又是怎么回事呢？原来黄宝妹每次从饭兜口袋里将皮辊花放进车头土的箱子里的时候，总要把当天的皮辊花捧在手上衡量一下有几两重。假如出多了一些，她就要去搞明白原因，以便动脑筋想办法来减少皮辊花。因为长期这样锻炼，她的手就成了一个很准确的磅秤，她就依靠它来督促自己不多出一点皮辊花。

黄宝妹经常告诉她周围的女工姊妹们说："我们要领会：郝建秀工作法的基本精神是让人去掌握机器，不能让机器支配人。"这里有这样一个故事：她的小组里有个老年女工薛红英，皮辊花老是出得多，常常埋怨着车子说："我这个短命的机器真'老爷'，人家说黄宝妹皮辊花少，可还不是她挡的车子好，要调我去做，保险白花也会少的。"黄宝妹知道这一情况后，就向薛红英提出把车子对调一下试试看。得到领导的允许后，她们便对调了车子。黄宝妹到了新车子上，看到断头的确是多，但是她非常镇静，她想："我们挡车的就好比医生一样，先要替病人找出病源，然后才能研究处方。"因此，她先和新车子交朋友，隔了两天，果然给她找出病源来了。原来那部车子上的歪锭子很多，钢丝卷也上了锈，所以容易出皮辊花。于是，她马上请来保全工人帮她修好了歪锭子，接着又换了新钢丝卷。终于这部车子像病人一样，很快就被一个高明的医生把病给治好了。从此，她每天出的皮辊花，仍旧不比她原来挡的车子多。而薛红英呢，调了新车子，皮辊花却还是不比原来的少。这时，她才恍然大悟自己错怪了机器。黄宝妹抓住了这一个事实，就耐心地帮助她，对她说："我们执行郝建秀工作法不但要用手，而且要用脑。譬如，看见车上有一根头断了，就得去研究它为什么会断。找到原因后，我们就有方法对付它了。"薛红英根感动，从此她便认真地向黄宝妹学习工作法。不久，由于她提高了工作法水平，皮辊花也就从二十多两减少到十几两了。

黄宝妹在车间里就好比火车头一样，她一贯是带动着群众一起前进的。她说："任何事情靠一个人做都不顶事，只有群众的力量才是无穷无尽的。"她还打了个比方说：即使我的工作法执行得再好，皮辊花出得再少，但是如果不帮助大家一道前进，那么我小组的生产计划还是不能很好地完成。因此，黄宝妹时时刻刻都在想着怎样帮助大家不断地提高技术。青年挡车女工张文琴皮辊花比大家出得多，黄宝妹有一天问她："你有没有照郝建秀工作法做啊？"她回答说："是照做的。"黄宝妹觉得很奇怪，就在暗地里观察她到底是怎样执行工作法的。这一看，可拆穿了"西洋镜"，原来张文琴并没有完全照工作法做，接空头也很多。于是在结束一天工作后，黄宝妹就找张文琴谈，指出她执行工作法的缺点并从第二天起，认真地教张文琴正确执行工作法。她特地每天提早两小时到车间教张文琴工作方法，有时甚至到张文琴的家里去提供帮助。一个星期之后，张文琴的技术有了很大的提高，皮辊花从每天出四十多两减少到了十两。小组里的工人个个都要求向黄宝妹学习工作法，学习技术，因此，特地成立了一个技术互助小组，选黄宝妹做小组长。可是黄宝妹始终是那样地谦虚，她对大家说："我们应该是互相学习。你们差不多都是老工人了，有很多地方都值得我学习。像我本来就不懂粗纱，后来还是向林英姐姐学会的呢。"

1954 年的"五一"国际劳动节，黄宝妹到莫斯科参加了观礼并在苏联几个有名的工业城参观了工厂。回国后又到鞍山钢铁公司参观。她亲眼看到了社会主义社会建设的情况，也看到了祖国幸福的明天。王崇伦是和黄宝妹一起到苏联去的，在他们交流经验当中，黄宝妹更受到了很大的教育，她感觉到："我自己这一点微小的成绩算得了什么，离祖国的需要还远着呢！比起王崇伦来还差得多呢！"6 月，上海市举办纺织工业先进工作法能手观摩表演会的时候，黄宝妹刚从苏联回来，她听到厂里去参加观摩的女工姊妹告诉她国棉六厂女工相凤祁大纱不拔筒管的先进经验后，就马上学习做了。最近，她又正在学习厂里总结的先进工作法能手的 5 个先进操作方法，因而使她更进一步地改进与提高了工作法，皮辊花每天又从十两左右减少到了七两。她说："为了早日实现国家的社会主义工业化，为了把祖国建设成像今天的苏联一样，我应该和全国工人兄弟姊妹一起，以苏联工人为榜样，进行创造性的劳动。我还要向我们青年的好榜样王崇伦学习，努力革新技术，走在时间的前面。"

（本文原载 1954 年 10 月 23 日《解放日报》）

附件 4

做一个敢于创造的人

上海第十七棉纺织厂挡车工　黄宝妹

这次,我到北京参加党的"八大"第二次会议,给我上了一堂生动的马克思列宁主义的课程,各方面的收获很大。

会议期间,我们幸福地听了毛主席的四次讲话,他老人家的讲话使我的眼界豁然扩大,克服了迷信和自卑感。从参加会议那天起,我的思想此起彼伏,始终没有平静过。

敬爱的毛主席向大会专门作了关于"破除迷信"的讲话。他老人家分析了古今中外 41 个科学家、发明家,这些人大都是出身于被压迫的阶级,即是说出身于那些社会地位较低、学问较少、年纪较轻、条件较差的人。他老人家也提到我们优秀的纺织女工郝建秀同志,她在 18 岁时就创造了科学的工作法。我一面听报告,一面思想反复地斗争着。我问自己:"我呢?对党对国家贡献太小了。"我又联想到《人民日报》社论《科学并不神秘》中谈到的广东省有位青年李始美,研究出来的防治白蚁方法,比科学家研究出来的办法还要好,超过了国际水平,现在这位"土专家"已经是昆虫学会的会员了。还有一位青年农民王保京,他首先打破了迷信,认为科学技术并不是神秘深奥、高不可攀的东西。他想:大学教授能做,我们农民也同样能学会。确实,3 年来,他在培育农作物上取得了很大的成绩,现在他成为一个科学家了。这些生动的事实教育了我。

代表分组讨论时,一位领导问我:"黄宝妹,你为啥不发言?"实际上他猜到了我有心事。我心里又感谢又激动,就向他们暴露了自己不敢想不敢作的自卑思想。过去总认为,我们纺织女工没有什么大的创造发明,细纱挡车工最多是把线头接接好,掌握工作法,而革新技术是工程师们的事情;另外,我也顾虑自己文化水平低。同志们听后都笑了起来,勉励我说:"听了主席的报告,方向更加明确了,一定要鼓足革命干劲去搞生产。"还说："胆子大一些，今后的世界都是你们的呵！"我心里想：文化低，就得刻苦学习，不能学好后再来创造发明，许多"土专家"不也只读过几年书吗？想到这里，我的思想解放了，脑子里满是"多快好省"几个字，想着想着，我好像回到车间里一样。连做梦也是这样，看看这也好改，那里也可发展……内容太多啦！想到我上北京时，我提出的挡车逐锭检修工作正开始试行，现在不知是否在推广？当时有人提出："郝建秀工作法"是有理论根据的。你这样做是否会影响挡车工的正常工作？现在，大家的看法不知道统一了没有？总之，使我想起了一连串的问题。会议期间，我到中国纺织工业部去探听消息，部里的首长们和我谈了很久，他们同意我提出的办法，还鼓励我回厂后大胆地去革新技术。恰巧参加这次大会的还有4位"同行代表"——都是细纱挡车工。她们是从天津、郑州、西安等地区来的，当我把"逐锭检修"这一问题一提出，大家开始讨论，每人谈到了自己厂里和自己执行工作法的情况，谈得很热烈。她们都认为"郝建秀工作法"有些部分要补充修改。经过漫谈讨论，我又在她们那里学到了许多经验，并且得出结论：要改变"生产服从时间"的情况，使"时间服从生产"，就得创造条件，改进和发展"郝建秀工作法"。

会议期间，上海代表、共青团市委书记李琦涛同志，也很关怀地问我有什么困难。他说，有困难可以派几个青年技术员来帮忙。事实上，这次参加会议，通过毛主席和其他负责同志的报告，我已得到深刻的教育和热情的支持，思想上大为振奋。原来认为纺织女工没有大的创造发明，又怕文化低的思想顾虑解除了，思想好比脱了缰的马似地奔腾起来。我情不自禁地想到：以前订保证条件时，总有这么一条："虚心向别人学习先进经验，要有创造性的劳动。"几年来，虽然在党的培养教育下，也能虚心学习先进经验，可是"创造性的劳动"却是很不够的。这次，党中央和毛主席提出的"鼓足干劲、力争上游、多快好省地建设社会主义"总路线，照亮了我的思想，也照亮了我们每个人的前进道路。最近，我决心把逐锭检修和郝建秀工作法结合起来，全面地作一次总结，厂领导很重视这一工作，我要下决心"只许成功，不许失败。"

注：本文摘自上海人民出版社出版的《深刻的教育，伟大的启示》第二辑；1958年黄宝妹出席党的"八大"第二次会议时发表的心得体会。

附件 5

我的大学生活

华东纺织工学院学生　黄宝妹

1963年春节，上海市总工会举行老工人、先进生产者春节联欢会。在会上，我又荣幸地见到了周恩来总理，总理同我们作了亲切的谈话，还和我们一起吃了年夜饭。总理关心地问我："现在读书有没有困难？"我说："没有。"

当天晚上，我兴奋得思前想后，不能入睡。说真的，我是党一手培养起来的。解放前，我是一个穷苦孩子，正当读书的年龄，却因生活逼迫进厂做工了。

1960年9月，领导决定安排我到华东纺织工学院去学习。从工厂到大学，从接头挡车到同字母打交道，这是一个很大的变化。再加上自己的文化基础差，解放后经过业余学习，也只有初中二年级水平，没有一套学习方法，学校学习的进度又快，所以，开始学习时困难很多。我记得刚开始上课时，老师讲到什么地方，我连找也找不到。上第一堂制图课时，我连图也看不懂，更不用说制图了，连先画哪一条线都不知道。尽管我花了九牛二虎之力，却还是一个地地道道的"困难户"。

党组织对我这个"困难户"非常关心，经常找我谈话，帮助和鼓励我。老师们为我想了不少办法。我想，郝建秀开始时不也和我一样吗？她能学好，我为什么不行呢？我向郝建秀同志请教学习方法，下定决心在学习上一定要像生产上一样，坚决赶上去。我每天要把当天的功课做好才睡觉。书本上不懂的东西，就利用礼拜天到厂里去请教老师傅。这样，在党的关怀下，老师和同学们的热情帮助下，我这"困难户"的情况改变了，由不及格到及格，现在已经消灭了三分，每门功课都是四分或五分了。

在学习中，我有时也参加了一些社会活动。但没有因此而妨碍自己的学习。有一次"三八"妇女节，市妇联叫我参加会议，这天正好上制图课，我开完会回来已是晚上了。可巧学校要放映电影《林海雪原》，这是我很早就想看的电影。但为了完成作业，我放弃了看电影。

从前我认为自己是挡挡车、接纱头的女工，学习那些理论同生产的关系不太大，可是经过两年多的学习，我的体会很深，例如，我学到机械时，搞不懂什么叫机座、弯轴……到厂里问老师傅时，他们说这就是"大龙"。现在越学眼界越宽，思想也开阔了，我越学越感到理论的重要性。

学习生活是紧张的，但也是愉快的。从喧闹的车间来到清静的校园，别有一番情趣。我们在紧张的学习之中，也常在静静的校园中散步、谈心，在热闹的联欢会上唱歌、演戏。我们这一班的同学来自全国各地，都像亲姐妹一样。我们各人有各人的爱好。我自己是越剧迷，其实我唱得不怎么好，可是"名气"倒传出去了，所以，我常常被要求唱越剧。在欢送郝建秀的毕业联欢会上，我这个上海浦东人同郝建秀这个山东人合唱了一段越剧《楼台会》，乐得大家眼泪都掉下来了。

在假期和节日，我经常回到工厂里去找小姊妹们谈谈心，看看在生产上有哪些新的成绩。我也常和在科技大学学习的王林鹤、杨新富一起碰碰头，相互交流学习体会和经验，我们也经常通信，相互鼓励，共同进步。

新中国成立后，我由一个文盲变成了大学生，今年暑假我就要毕业了，在第三个五年计划的第一年，我一定要加倍努力，用良好的毕业成绩向党和祖国汇报。春光明媚，形势大好，让我们在这新的一年的开头，更好地努力吧！

（本文摘自 1963 年 2 月 10 日《新民晚报》）

附件6

在工会扶植下成长

黄宝妹

时间过去快五十年了,相隔已将近半个世纪,可我依然记得那么清晰,就像发生在昨天,依然还在我眼前演绎。

新中国成立前夕,我14岁就进了裕丰纱厂(今十七棉)当童工,每天工作12个小时,那纱上的每缕每丝都淌着我们纺织姐妹的血和泪。解放后,我们翻身当了主人,纱锭也和我们一起唱起了幸福、欢乐的歌。

随着国民经济的发展,工人阶级地位的提高,1953年,党和国家决定评选第一届纺织工业全国劳动模范,我们厂就要求各小组推选一名代表,参加厂部评选,小组就推选了我。在这样一个万人大厂中,我又被推选到市参加评选,在市行业评选中,我的成绩达到了郝建秀的生产水平,一举夺魁,被评选为第一届纺织工业全国劳动模范,那时我刚刚22岁。

能评上第一届纺织工业全国劳动模范和以后一连串的荣誉,我深刻地体会和最想说的一句话:"这都是党的领导,各级工会的精心培养,正确指导和热情具体的帮助,才能让我得到这些荣誉。"

第一届纺织工业全国劳模大会在北京召开。母亲听说我要到北京去,要坐七天的火车,认为我从没出过远门坚决不让我去,工会就多次上门家访,做通了母亲的工作,我去北京参加大会期间,工会经常到我家照料我父母。

参加大会回来以后,工会对我和我们小组对口进行帮助,我们小组开会时,工会干部都一起参加,还经常找我谈心,经常告诫我"虚心使人进步,骄傲使人落后""要团结群众、向别人学习",听到群众有什么反映就及时转告给我。一次,厂工会干部告诉我:"宝妹,群众讲你评上劳模以后架子大了，别人给你打招呼，你理也不理。"听后虽有些委屈，仔细一想，认识我的人多，而我认识的人少，我不知道路上有人是在和我打招呼是有可能的，因而比较注意起来，以后只要别人给我点点头，我就朝别人笑笑，以致以后形成了见人就笑笑的习惯。在一次张乐平为我画像时说："宝妹，你给众人的印象总是笑眯眯的，现在你这么认真严肃地坐着让我画像，别人会说不像你的。"

评上第一届纺织工业全国劳动模范以后，我又获得了许多荣誉，曾两次获得全国劳模的称号，数次获得市劳模称号，并成为党的八大代表，受到了毛主席、周总理、宋庆龄副主席和老一辈革命家的接见。1958年由谢晋导演的电影《黄宝妹》由我自己主演，之后去苏联参加五一观礼和世界青年联欢节。由于有了一定的知名度，我外出活动，或参加各种会议，厂工会都事先作了讨论与部署。我每天还要收到全国各地十几封甚至几十封的来信，工会帮助我都一一给了回信。经过党多年培养和工会的具体帮助，我也当上了工会干部。

将近半个世纪过去了，我和我们纺织行业一起走过了那个辉煌的年代，回忆那一段时光，依然心动，依然心潮澎湃。50年过去了，我们的纺织行业也又经历了产业结构的大调整、大改组，又将迎来纺织行业的第二个春天，我祝愿我们的纺织行业取得比那个辉煌年代更加辉煌的第二次辉煌。

（本文摘自2000年9月《纺织工运》第五期）

附件 7

在团的培养下成长

黄宝妹

我曾获得许多荣誉；我成长的启蒙老师是——团组织

新中国成立初，我是上海第十七棉纺厂的一个普通细纱挡车工。后来，我逐渐成长为一名中国共产党党员、全国劳动模范，两次被评为全国青年积极分子和市妇女"三八"红旗手。我出席过党的"八大"，曾光荣地代表中国青年先后出国参加 1959 年在奥地利召开的世界青年联欢节和在捷克斯洛伐克首都布拉格召开的世界联盟扩大会，先后 8 次见到毛主席，并和宋庆龄同桌进餐。

每当回想起这些崇高的荣誉给我带来巨大的幸福的时候，我就会情不自禁地联想起帮助我成长的启蒙老师——团组织。

在我认真学习了郝建秀工作法后，摸索出一套减少皮辊花的方法

20 世纪 50 年代初，正值经济恢复时期，国家要求每个工人参加增产节约活动。为此，我厂团委和车间团支部积极行动起来，带领广大团员青年急国家所急，想国家所想，积极投入这一活动之中。我记得厂团委还以节约生产原料的数字与我们日常生活的关系作些生动的比较。我记得印象最深的是：节约一两白花等于三碗白米饭。在当时，节约用棉，降低成本，多出纱，多织布，满足全国人民的需要，已成为每个纺织女

工的具体行动。我也怀着一颗热爱祖国、热爱社会主义、向往幸福的心情，积极投入这一活动。

每天一进车间，我头脑里就盘算着怎样减少断头、少出皮辊花。当时我认为皮辊花是生产上的一个漏洞，一个细纱挡车工如能少出一两皮辊花，就可多纺一两纱。我认真学习掌握郝建秀工作法（"郝建秀工作法"的基本精神是让人去掌握机器，不能让机器支配人），逐渐地，我摸索出了一套减少皮辊花的方法。

由于我皮辊花一直保持最少，被评上了劳动模范。当了劳模既光荣，又有压力。有的人妒忌我，说我皮辊花少是丢到厕所里去了。当我知道后，既生气，又难过。心里想，我辛辛苦苦设法减少了皮辊花，却遭到非议，太委屈了，不想再干了。团干部知道后，就主动找我促膝谈心耐心劝导我。团委书记问我："宝妹，你节约皮辊花是为了谁？""为了国家！"我说。"那就对了。既然减少皮辊花是为了国家，而不是为某一人做的，那你何必为此生气呢！"从此以后，我思想开朗了；对来自各方面的讽刺打击不计较，为国家多纺纱、织好布的信念不动摇，只要对国家有利，我就一门心思搞下去。

后来，又发生了一件事，我们组里有位老年女工，皮辊花老是出得多，但常常埋怨车子："这个短命机器真'老爷'。人家说黄宝妹皮辊花少，还不是她挡的车子好，要调我去做，保险白花也会少的。"我知道这一情况后，就向她提出，把车子对调一下试试看。调车得到了行政上的同意和团组织的支持，我到了她的车弄里。刚去做时，断头的确很多。我不慌不忙，始终坚持一条，就是按郝建秀工作法做：先找一找活儿难做的原因，然后研究治"病"的处方。因此，我先和新车子交朋友，不断观察、摸索。隔了两天，果然找到了病因，原来那部车子上的歪锭子很多，钢丝卷也上了锈，所以容易出皮辊花。于是我请来保全工，修好了它。从此，我每天出的皮辊花，仍然不比原来挡的车子多。而她呢，调用我的车子后，皮辊花却还是不比原来的少。这时她才恍然大悟，自己错怪了机器。事后我耐心地帮助她，指出做任何一项工作要"认真"，执行郝建秀工作法不但要用手，而且要用脑。譬如，看见车上有一根纱线头断了，就得去研究它为什么会断，找到原因后，就有方法对付它了。老工人很感动，从此她经常认真地向我学习工作法。不久，由于她提高了操作水平，皮辊花从二十多两减少到十多两。

为了更好地提高质量，促进生产，团市委、局、厂团委掀起了一个全市性的比、学、赶、帮的劳动竞赛。我在报上看到介绍国棉七厂细纱挡车工劳动模范李素兰七天消灭白点的经验，团组织在礼拜天带领了小组同志从沪东赶到沪西国棉七厂去取经、学习。这时，我也成了一名团干部。我发动团员青年在业余时间练接头。我想，人家七天能做到消灭白点，相信我也能在短时期内消灭白点。我逐锭检修，最后，也终于在一夜之间消灭了接头白点。大家说我是七仙女下凡创造了奇迹。其实我并不是什么仙女，完全是在团组织的支持下作出了一些成绩。

同徐玉兰搭档唱"盘夫"，与傅全香合演"三盖衣"，在谢晋导演指导下拍电影

青年人既要在生产上当能手，也应在娱乐上争积极。我当时是团支部生产和宣传委员，也是一个文娱积极分子。为了带领青年过好团日活动，我不仅坚持上业余学校学文化，而且还见缝插针，在家里跟着收音机学唱越剧、沪剧。后来，我竟然与越剧名流徐玉兰搭档上台唱"盘夫"，和傅全香唱"三盖衣"，并得到徐玉兰老师的称赞。在上影厂拍摄《黄宝妹》电影时，谢晋导演一定要我演"黄宝妹"，我做梦也想不到自己会上银幕。想起在旧社会，我们工人把电影看成是神秘的东西，只有在共产党领导下，我们工人才能上银幕。当电影刚开拍时，我的心情既高兴，又紧张，晚上也睡不好觉。因为我在水银灯下工作，还是出娘胎后第一次，平时叫我接几个纱头得心应手，可是拍几个镜头时，却感到困难重重。导演的口哨声一响，我就慌了。后来，经过导演的认真指导，我逐渐习惯了，最后圆满完成了拍摄任务。电影拍好后我才知道，这部电影还是周总理提出来的，他说"要拍一部赞扬工人的片子。"

每逢节日，团市委、局团委、厂团委都要叫我和其他积极分子去开座谈会，汇报生产情况和下一步的打算。领导同志和我们很亲切，像兄弟姐妹一样，有时在座谈会上，还点我唱越剧，因此，平时我特地准备了好几个节目。当时的青年生活，既是团结紧张，又是严肃活泼。有时，我们攻克白点关、做完夜班时，人累了，大家就用唱歌来提神。在一片欢声笑语中，疲劳感消除了，在集体的劳动和生活中，大家感到了莫大的乐趣。

我13岁就当苦力了。那时候，我家里穷得连两顿稀饭都吃不上，哪有钱去读书呢！解放后，我上了几年业余学校。后来，党又培养我，送我到华东纺织工学院上大学。在大学里，我和郝建秀同志一起学习，朝夕相处，结下了深厚的友谊。我们俩既是纺纱姐妹、同窗好友，又都是全国劳模。毕业后，虽然分开了，但还是保持着书信来往，互相勉励，共同提高。

我愿提几个希望……

回顾往事，感慨万分，从青年到中年，现在已进入老年行列。在我有生之年，我愿提几个希望：希望广大团干部当一个名副其实的、称职的团干部，一定要有理想、有抱负；要有一股饱满的热情、坚定的事业心，热血沸腾，充满朝气，热爱青年和青年工作；善于做青年的知心朋友，经常和青年生活在一起，工作战斗在一起，娱乐在一起，掌握一定的现代化企业管理知识；对优秀的青年人才，要毫不吝惜地推荐给领导，使其在四化建设中贡献出聪明才干。

（本文摘自1986年《团刊之友》第一期）

附件 8

黄宝妹：第一代纺织女劳模

黄宝妹年近古稀，可她那风风火火的样子，却像是四十出头的中年人，整天在为她的事业奔忙。

"为了'劳模之家'能组织更多的活动，也为了接济那些生活有困难的老劳模，1994 年，我们 20 多位离退休劳模集资办起了英豪科技实业公司。"黄宝妹说，"现在生意难做，我天生就不是生意人，只有自己多磨嘴皮多跑腿。幸亏社会各方面对我们这些老劳模都很关照，大家忙得也很开心。一辈子忙惯了，真要我坐在家里享清福还真不习惯。"

黄宝妹是新中国成立后涌现的第一批全国劳模，两度被评为全国青年积极分子，8 次受到毛泽东主席接见。如今，黄宝妹的儿媳妇都已经退休在家了，但是作为婆婆的黄宝妹似乎还有使不完的工作热情。现在，她身兼上海市劳模之家中区主任和上海英豪科技实业公司董事长、总经理等职。

"今天约好老劳模开座谈会。瓜子、水果都还没买，得早点赶过去。"黄宝妹家住上海市杨浦区最大的棚户区之一的海州路，进入梅雨季节，连日大雨，家门前积水盈尺。她常常带上午餐饭盒就趟水上路，急急赶往离家十多公里外的劳模之家。

"没想到会当上劳模"

与无数从旧社会走过来的纺织女工一样，黄宝妹说是共产党把她从"牢监"般的生活中解放出来的。她心中有了当家的自豪，更有了做主人的责任。

黄宝妹出生在上海浦东高桥农村，家境十分贫寒。"为了养家糊口，13 岁时父亲就把我送进了日本人开的裕丰纱厂。那个厂 1945 年日本投降后改名为中纺十七厂，新中国成立后更名为上海国棉十七厂。当年在日本人的管制下，大家每天工作 12 小时以上，工作环境像监牢一样。"黄宝妹讲述的细节，现在只能在夏衍的报告文学《包身工》中见到了。她甚至还能说出那些凶残的"拿摩温"的名字。黄宝妹从 13 岁进厂到 55 岁退休，没离开过十七厂。

"上海解放后，工厂开办了工人夜校，教我们读书学文化，工人的生活真是有了天翻地覆的变化。我当时是怀着对共产党的感激之情去拼命工作的，一心要多纺纱、纺好纱，报答共产党。"黄宝妹想起壮丽的青春岁月，仍有不尽的向往。

凭着出色的成绩，1952 年 5 月，黄宝妹入了团，同年 11 月加入了共产党。第二年被评为上海市劳动模范和纺织工业部首届 18 位全国劳动模范之一，应邀去北京开会。那时，她刚满 22 岁，从没有出过远门，也不知祖国有多大，坐上火车走了七天七夜。"那时京沪铁路是单轨，也没有南京长江大桥，光过长江就花了六个小时。"1983 年 4 月，全国老龄委邀请 100 位离退休劳模进京，黄宝妹是其中一员。"现在上北京真是方便，真是又换人间。"

也就是 1953 年那次北上，使黄宝妹体会到纺织工人的责任。"在田里劳作的大部分农民仍然光着膀子干活，孩子们衣衫褴褛。当时我暗下决心，多纺纱，让全国人民早点穿上好衣服。"黄宝妹说。1955 年，在上海视察的毛泽东主席点名要接见她。"毛主席让人搬来一张椅子，让我在他身边坐下，笑着对我说，纺织工人很光荣。让全国人民有衣穿、责任重大。"黄宝妹说此后她对实现"让全国人民穿好衣"的愿望充满信心。

她被批评"成了报告员"

从 1953 年到 1959 年，黄宝妹年年被评为上海市劳动模范，两次被评为全国劳动模范，并当选为上海市第一至第四届人大代表，1956 年当选为中共八大代表，先后参加过在莫斯科举行的国际劳动节观礼代表团、在奥地利维也纳举行的世界青年联欢节，出席了布拉格世界青年联盟扩大会议和世界妇女理事扩大会议。

黄宝妹成了名人，社会活动多了。作为一线生产能手，却成天开会作报告。党报党刊因此批评"黄宝妹成了报告员"。为了能在以后的劳模评选中拿出更好的成绩，黄宝妹主动提出从脱产干部回到生产岗位。1958年，34岁的导演谢晋以《黄宝妹》为片名为这位年仅28岁的纺织女工拍电影。一时，黄宝妹的名字家喻户晓。

1960年，黄宝妹等全国纺织系统的劳模被选入华东纺织工学院（即现在的中国纺织大学）脱产学习。

第一批"下海"的劳模

从华东纺织工学院毕业后，1984年，见全国劳模杨新富开公司了，黄宝妹也萌发了新的创业愿望，向厂领导申请停薪留职。

1986年6月，在离退休只有半年的时候，黄宝妹终于被允许"借调"到江苏启东聚南棉纺厂当副厂长。那时，正值乡镇企业遍地开花的时候，棉纺原料和机器设备异常紧俏。黄宝妹利用自己多年的工作经验和社会关系，上北京、去青岛，没日没夜地为企业奔走。两年后，当黄宝妹离开时，这个乡办小厂已经非常红火了。"我个人在启东每个月只拿100元津贴，没有向厂里和启东方面多要过一分钱。"黄宝妹说。

"我是个思想比较活跃的人，改革开放给人们提供了前所未有的发展机遇，我想不失时机地干一番事业。"她说。1987年，她办了退休手续后，新疆某建设兵团慕名请她到新疆石河子市协助建棉纺厂。从厂房设计到选址施工，黄宝妹数次深入新疆。

1991年，上海市总工会对全市7000多位获得过省部级以上劳模称号的离退休劳模进行调查发现，一些退休早的劳模经济情况不好，家庭负担重，心里也感到失落。了解到这样的情况后，黄宝妹在上海市劳模协会的帮助下，牵头成立了英豪科技实业公司，"目的是希望通过创收来对老劳模扶助一把，为他们的集体活动积累一点资金。"

黄宝妹说，办公司赚钱并不容易。而让她感到欣慰的是，社会各方面没有忘记老劳模们，还记着他们为社会主义建设作出的贡献，所以，许多部门和单位对他们的工作很支持。

（本文摘自1999年6月16日《人民日报》）

附件9

黄宝妹的徒弟谈黄宝妹

邵丽君

一天邵丽君深有感触地说：我生长在一个"五好工人"的家庭里，童年受到父母启蒙教育，父母以身作则，言传身教，要求子女做一个正直的人；读书时班主任老师很好，他教导学生要好好学习文化知识，将来做一个对社会有用的人；工作时在上海第十七棉纺厂，得到黄宝妹的真传、帮助和指导，黄宝妹教导我要学好技术，自立自强，为人民服务，做一个积极向上的人。

正能量永远会发出光芒，好环境需要好的人引领。在上棉十七厂工作期间，所感受到师徒关系点点滴滴：这美好而又宝贵的过去，是值得回味的青春年华和宝贵的精神财富；回想美好的过去是一种幸福的享受。每个时代都有每个时代特征，在那个年代，黄宝妹与徒弟们之间纯属于一种无私的、奉献的、高尚的师徒关系，黄宝妹把自己掌握的操作技术毫无保留地无私奉献给了徒弟们，她主动地、热情地、手把手地传授给徒弟，热切希望徒弟们快点学好本事、掌握好技术，早日为人民服务、为社会作贡献。黄宝妹常挂在嘴边的话：一人红，红一点；大家红，红一片；社会主义建设靠大家，只有大家的努力才能把社会主义建设好。

1976年，我进入十七棉工作时，父亲就告诉我，十七棉有个全国劳模黄宝妹，在纺织行业很有名望，那个时候我心里就盼望着有一天能做黄宝妹师傅的徒弟。

粉碎"四人帮"后，举国上下欢欣鼓舞，大家鼓足干劲"抓革命、促生产"。在当时，有一身好技术的人普遍受人羡慕、更加受人尊重。做师父的尽自己所能教会徒弟掌握技术；做徒弟的学好技术是一种进取、一种渴望，在厂里形成一种尊师爱徒的新风尚。我刚进厂时总有一股使不完的劲，对学习技术有一股钻劲，在二纺细纱车间、每个班组举行不同类型的操作比赛，通过三个月苦学勤练，我在年组中获得了第一名，通过比赛得到了很大的鼓舞。

学无止境，百尺竿头。十一届三中全会以后全国迎来了改革开放的春天，莘莘学子以学好数理化为荣，当时社会上流行的是"学好数理化走遍天下都不怕"。工人以学好技术为光荣，掌握过硬技术是广大青年工人的追求。由于文化大革命的影响，厂里技术骨干和操作能手的人才短缺。为加快培养青年骨干，厂部领导安排以全国劳动模范黄宝妹为代表的名师到各个分厂带徒弟，培养对象为学徒中骨干，进行重点培养。巧得很，黄宝妹是21支棉纱，以前黄宝妹也是在二纺细纱车间，我也是挡21支棉纱，也在二纺工场细纱车间工作。那时我一心想在技术上再上一层楼，总想有名师指点——所谓"名师出高徒"，非常想得到黄宝妹的帮助，这个愿望终于实现了，领导仅安排我一人拜黄宝妹为师，从此，能够得到黄宝妹的言传身教，这是一件非常不容易的事，我感到无比光荣，心里又感到十分荣幸。

我很珍惜向黄宝妹学习技术的机会，在向黄宝妹学艺的日日夜夜，我仔细揣摩师傅的技术要领，认真记下自己的心得体会，把黄宝妹的如何细纱接头、换粗纱包卷；如何提高速度、提高细纱接头质量，全项挡车跑巡回技术等一一记录下来：细纱挡车考核指标；单项细纱接头10个，规定时间42秒钟，平均接一根4.2秒钟；质量要求达到无白点；换粗纱包卷5个，规定时间50秒钟，平均一根包卷10秒钟；质量要求达到均匀无竹节；细纱挡车全项巡回一个小时为考核标准。

至今清楚地记得：黄宝妹不仅操作技术过硬，而且她对纺织厂的生产工序工艺流程都了如指掌，烂熟于胸。黄宝妹不但要领讲得清，而且动作演示很细腻。把细纱接头七个动作分解进行示范，每一个动作要领反复演示接头七个动作不能有丝毫停顿，必须连贯轻巧完成。黄宝妹实战操作培训更是耐心仔细，手把手，把每个动作要点分解做给大家看，一个动作一个动作地教，一个要领一个要领做示范，细纱接头要求七个动作一气呵成，不容许有半点停顿，不能丝毫马虎，讲究的是连贯性、准确性，否则就接不上头，会影响速度，影响质量。

在粗纱包卷操作技术示范时，主要有三个方面。

1. 退经技术。左手拿住相纱，让相纱夹在食指与中指之间，右手食指中指配合，把一根粗纱中二根合并的粗纱退捻成略有叠加的状态。
2. 分丝均匀。右手中指在左手食指上轻轻向后边移动，分丝均匀成手掌形。

3. 拉头笔尖形。左手食指中指绕一根粗纱，右手拇指和食指拿捏这根粗纱拉头成笔尖形。

黄宝妹示范时徒弟学起来容易记牢。黄宝妹师傅在细纱挡车的岗位上敢于思考，深入研究，不断磨练，敢于创新，练就一身真本领，功夫不负有心人，创造了黄宝妹师傅自己的粗纱包卷法。

宝剑锋从磨砺出，梅花香自苦寒来。黄宝妹包卷技术具有独特的风格，包卷五个动作连贯且具有可操作性，保证包卷质量稳定性，纺纱均匀性。这种包卷方法速度快，质量好，不是轻易练出来的，是长年累月积累下来的技术能力。黄宝妹师傅这一套独特的包卷操作技术是郝建秀细纱工作法技术的延伸和创新。

黄宝妹把细纱挡车积累起来的经验，用深入浅出的语言，传授给大家。细纱接头速度快、无白点质量好，换粗纱包卷速度快、纺纱均匀无竹节是挡好车的基础。根据不同支数挡多少锭数，细纱支数越高，纺出来的纱越细，挡车锭子越多；细纱支数越低纺出来的纱越粗，挡车锭子越少。21支棉纱一般一个人挡800锭，但是黄宝妹挡1000锭，跑一个巡回路线，包括换粗纱包卷，要做到眼到手到，挡车时要合理应用目光，进入细纱挡车弄堂，先从近处往远处巡视，再由远处回到近处，眼顾八方，环顾上下左右，远近高低，上看粗纱使用情况，换粗纱时在操作上要求做到宝塔形；下看细纱断头情况，做到心中有数，先处理一般情况后处理较难的事项；先解决靠近身边的事情，再处理较远的事项，不走回头路；碰到紧急情况如飘头、扎皮辊、粗纱要用完时，要抢先处理；碰到黄梅季节，加强巡回，增加做清洁工作次数，看见飞花垃圾及时清理。

凡是知道和看过黄宝妹的操作表演，都很有感触，细纱接头在开动的细纱机器上完成，锭子转速在200多转以上，3个手指拨铜管轻松自如，看黄宝妹操作表演，犹如在欣赏艺术，细纱一根一根接上去，没有空头，没有白点，纱在她手里应用自如，一根根纱好像听她话一样，动作干净利落，服服帖帖。换粗纱包卷更是得心应手，好像女孩子在扎大蝴蝶结一样，动作干净利落，舒舒服服。黄宝妹师傅挡车跑巡回就像走秀舞台，一个动作接一个动作清清爽爽，没有重复多余动作，跑起全项巡回轻轻松松，处理各项突发情况有条不紊。细纱机器发生小毛小病，能够自己解决，她是全能冠军。

1982年，黄宝妹已经50多岁了，她的包卷速度和质量，在纺织行业很有推广价值，纺织部领导指示北京电影制片厂刘建中编导拍摄《细纱工作法》，将黄宝妹包卷方法在大荧幕展现，作为纺织业科教片宣传，为了展现包卷银幕上光辉形象，因我年轻手嫩皮肤好，包卷的动作又与黄宝妹师傅动作十分相似，因此，他们让我代替黄宝妹师傅参加彩色科教片《细纱工作法》电影拍摄。这部科教片是针对当时大批老工人陆续退休，新工人大量进厂，棉纺厂主要工序细纱挡车工人操作技术水平有所下降，出现了青黄不接的局面，用来对新工人技术培训而考虑摄制的，把它作为技术培训的辅助教材。这部彩色科教片在1983年获得文化部优秀创作奖。

在20世纪80年代，黄宝妹担任技术员时，她善于抓两头，鼓励先进，鞭策后进，技术好的操作能手帮助技术差的挡车工，一方面开展"一帮一，一对红"的"传帮带"活动，另一方面抓新进厂的学徒工，师徒结对子的活动，好师傅带出好徒弟，让大家工作有成效，这是一种高层次的幸福，更是一份荣耀。为了鼓励先进，对涌现出来的先进人物，给予精神上的鼓励和表扬。一是组织疗休养，开展技术交流，促进生产技术进步。二是可以督促着师徒共同摸索、追求，努力实践。在生活上，经常组织纺织女工与重工业青年开展联谊活动，为女青年提供接触社会交友的机会，把文娱活动寓于工作生活之中，对企业物质文明和精神文明建设起着积极作用。

黄宝妹对徒弟真情关心、言传身教，由衷地从"工作幸福感"而产生的荣誉感，使我的人生道路增添了许多光彩。黄宝妹有许多工作经验、人生感悟与启迪对我以后在不同岗位、不同时期、碰到各种各样事情都起到积极的作用。现在看来：深入学习劳模的奉献精神，劳模的聪明才智，而这种精神、智慧、才能无法用金钱来衡量，很有科学道理的，在我的生活中有它的实用性，让我养成做事有条有理，轻松自如，干净利落是习惯，办事效率也高了。这种好习惯让我一辈子都受用。黄宝妹是我生命中遇到的好师父、好同事、好朋友，如今已是我亲密的朋友，永远是我学习的榜样，从她身上学到的是我最大的精神财富和物质财富，也是无价之宝。

2013年11月21日

附件 10

践行总书记嘱托，不负老同志使命
—— 全国劳模黄宝妹用亲身经历宣讲"四史"

尹学尧

为了落实总书记的嘱托，黄宝妹近来有点忙

2021年3月5日，黄宝妹来到彭浦四中，为全校师生上课。她结合自身实践，结合学习雷锋，宣讲党的基本路线，深入浅出，丝丝入扣，受到师生的欢迎。四川红星新闻也派记者采访并摄像。黄宝妹在应邀到宜川中学附属学校向千余名中小学生讲课时，她结合自己实践，向学生讲爱学习爱劳动的道理。她语言朴实，理论联系实际，又多用自己亲身经历讲故事，生动活泼，因此，很受欢迎。她的演讲，不仅基层群众爱听，领导干部听了，也说她讲得好。

最近这段时间，邀请黄宝妹讲课的党组织和社区越来越多，不管多忙，黄宝妹总是来者不拒，尽量安排好时间参加，她说，这是对习近平总书记指示最好的落实。

在杨浦滨江党群服务站里，黄宝妹为上海隧道股份纪检干部上了一堂党课，她深入浅出并联系实际的内容，给大家留下了深刻的印象，赢得阵阵掌声。最后，她还为新党员宣誓领誓。这是隧道党委正在进行的"四史"系列活动中的一部分内容。

杨浦区委老干部局成立"老杨树宣讲汇"，第一讲就邀请了黄宝妹，老劳模平生第一次当起"网络主播"，在哔哩哔哩的直播间里，她面向杨浦区学校、园区、社区的老中青幼听众，讲述了自己作为见证者、参与者和奉献者,见证了从工业杨浦到创新杨浦的巨大变化的感受。

东方国际集团有限公司直属团组织书记培训和新上岗团干部培训班开课了,黄宝妹应邀前往讲课,她结合自己在党团组织培养下成长的经历,在"与历史对话让青春绽放"主题下,用亲身经历,风趣幽默地展开历史画卷,不时引来掌声和笑声。这些二十岁左右的团干部听后,都发出会心一笑。会后,不少青年人争着和她拍照留念。

退休后的这些年,黄宝妹一直在发挥余热。近几年来,她坚持深入基层,到学校、工厂、机关、社区宣传党的政策,用自己的亲身经历,宣讲劳动光荣,宣讲改革开放后国家的发展和上海的巨大变化。她讲得生动活泼,且是亲身经历,很受听众的欢迎。所以,现在找她讲党课的单位和党组织越来越多了。

邀请黄宝妹讲党课的单位,有的远在吴泾、闵行、张江、周浦、崇明、松江,她住在杨浦区,宁可自己克服困难,坚持有求必应,在邀请单位中留下了良好的印象,称赞说不愧是老劳模,就是过得硬。

黄宝妹讲课的最大特点,就是结合自己的实践和体会谈认识,不讲套话。有一次,市里一个部门请她在一个会议上讲话,且为她准备好了讲稿。黄宝妹看了,不满意地说:"这不是我要讲的话。"在她的坚持下,主办单位3次改了稿子,直到最后完全表达了黄宝妹的心声,她才答应。她的发言最终赢得了领导同志的肯定,说她的发言有水平,听了很亲切。

总书记对我说的9个字,我一辈子都不会忘

2019年11月2日下午,习近平总书记在上海视察黄浦江两岸核心区45公里公共空间贯通工程基本情况和杨浦滨江公共空间建设时,走进了人人屋党群服务站,听到工作人员介绍,站在面前的就是全国劳动模范黄宝妹时,总书记亲切地询问黄宝妹多大岁数了,听到是88岁时,总书记夸奖她身体好,并称赞她是国家发展的见证者、参与者、奉献者。总书记还关切地询问黄宝妹退休以后在做些什么?她告诉总

书记："工作退休，共产党员不退休！总书记要求我们不忘初心、牢记使命，永远奋斗。我虽然年纪大了，但我还可以为年轻同志上党课，发动大家一起为国家建设奉献力量，这是我作为一名老共产党员的责任。"习近平总书记听后称赞她是我们国家的宝贝。总书记临走时还再回头，勉励她，多向年轻人讲一讲。

听了习近平总书记嘱托，黄宝妹说，总书记对我提出的新要求，也是对全体老同志提出的要求。我要积极贯彻落实好总书记的指示，团结更多的老同志，大家共同来做好这篇大文章。一个人的精力总是有限的，万紫千红才是春。我们要多想想老同志身上的责任，为改革开放和社会发展多作贡献，不辜负总书记的嘱托。

在我近日采访她时，她再一次说：前不久，习近平总书记给上海新四军老战士回了信，鼓励老同志继续发光发热，结合自身革命经历多讲讲中国共产党的故事、党的光荣传统和优良作风，这是对老同志的莫大鼓舞，也是对老同志提出了新的要求。总书记对我也提出过同样的要求，总书记的鼓励，我一辈子都不会忘记，只要我还走得动，就一定要坚持下去。传承红色历史，永葆政治本色。

现在的黄宝妹，老骥伏枥，经常在思考如何发挥自身独特的政治优势，进一步贯彻落实好习近平总书记的嘱托，向年轻人多讲讲过去，坚定他们对中国特色社会主义的道路自信、理论自信、制度自信、文化自信。

无论境况如何变，人的本色永远不能变

人的一生，会有许多变数，有时会顺风顺水，有时也会遇到挫折，也会遭到想不到的坎坷和磨难，有人在此迷失了方向，有人沉沦了。但黄宝妹永远记得自己是谁，是谁给了自己这一切，她不忘初心，保持本色，虽然一路风风雨雨，但始终走在正确的航向上。

黄宝妹说，几十年中，她遇到过的重大考验有三次：

第一次考验发生在 1953 年，黄宝妹 22 岁。那时她刚被评为上海市和纺织部劳动模范，报纸宣传后，在一片赞扬声中，也引来了雪花般的求爱信。车间小姐妹对黄宝妹开玩笑说，按你现在的知名度和地位，找一个地位相当的十拿九稳。有的小姐妹还逗她，你老公是一个普通工人，现在换掉，机会难得。黄宝妹严肃回答：我老公是个工人，但他人品好，为人忠厚，生活简朴，照顾家庭，是个好人。婚姻不是儿戏，不能见着高枝就往上攀。黄宝妹请领导帮忙，由驻厂体验生活的作家代写回信，人民日报也 2 次刊发了黄宝妹家庭生活的文章，还刊登了全家福照片，才慢慢平息了求爱信的风波。她和丈夫风雨同舟，白头到老，恩爱 70 年，是同事和邻居中夫妻恩爱的榜样。

第二次考验是在 1958 年。这一年，上海天马电影制片厂根据周恩来总理的指示，用拍摄艺术性纪录片形式，拍摄一批先进人物的故事片。黄宝妹是全国劳模，是上海市人大代表和中共"八大"代表，也被选中作为拍摄对象。

导演谢晋到工厂深入考察后，发现黄宝妹性格爽朗，待人朴实，有可塑性。他慧眼识珠，决定不用替身，让黄宝妹直接在电影里出演自己。结果，黄宝妹没有让谢晋导演失望，电影《黄宝妹》一上演，好评如潮，黄宝妹也得到了各方面的关注。沈雁冰等文艺界的领导都很欣赏黄宝妹的表演气质和银幕形象，建议她去艺术院校进修，改行当专业演员。

此时的黄宝妹，头脑十分冷静，她说，因为我不是专业演员，大家对我的要求没有那么高，才给了我这么好的评价。我自己始终是一个纺织工人，离开了车间，我一事无成，当专业演员连龙套都跑不好。面对诱人的艺术光环，黄宝妹坚守了一个工人的本色。她对我说，人贵有自知之明。

第三次考验发生在她退休之后。20 世纪 90 年代初，上海的大型企业经营困难，效益下降，有些退休劳模连医药费也不能及时报销。他们当年工资不高，退休后生活只能维持日常开销，再垫付医药费，势必会影响生活。黄宝妹是热心人，便和也是劳模的杨富珍、裔式娟等领导商量，办一家劳模公司，用赚来的利润，接济和帮助一下生活困难的老劳模。

1994年，20多位离退休劳模集资办起了英豪科技实业公司，黄宝妹担任了董事长。她说干就干，跑业务忙得不亦乐乎。半年后，带着同事一起走街串巷，为生活困难的老劳模送上了慰问品，逢年过节组织大家聚会，尽其所能地为大家解决些困难，为有需要的人雪中送炭，她和同事还帮助好几位老劳模解决了动迁房的大问题，得到老劳模和家属的一致好评。有一位老劳模得到黄宝妹很多关照，在临终前，始终不闭眼，嘴里一直念叨黄宝妹的名字。家属打电话给黄宝妹后，黄宝妹立即赶到这位老劳模的家里，拉着她的手，此时，这位老劳模才安详地闭眼。

　　在经营过程中，黄宝妹的头脑十分清醒，不该拿的钱一分钱也不拿。有一次，一家她帮助建立起来的企业，要送她2000元，她当场拒绝了。她说，个别劳模在金钱上丧失了原则，迷失了方向，被黄金锁链套住了，也背叛了自己的初心和信仰，我们一定要引以为戒，保持清醒的头脑，绝不能重蹈覆辙。她反复说："不该拿的钱，一分钱也不能拿。"

　　正确对待利益，正是黄宝妹始终在正确道路前行的准则。早在20世纪50年代，苏联代表团到黄宝妹家参观时很不理解，一个全国有名的劳动模范怎么住在棚户区里，在苏联可不是这样。后来，组织上安排她家住进了职员宿舍。黄宝妹在北京参加中共"八大"期间，听到上海军工路发生龙卷风，不少人家的房子都坏了，她立即将自己住了6个月的房子让了出来。回沪后，她又搬回了棚户区。孩子大了不够住，她又借了款翻修，之后再节衣缩食还款，这个房子她一直住到了1999年。改革开放多年后，她才买了新房子。每谈及此，她总是说，直到今天，我一点也不后悔。在经济大潮中，黄宝妹始终不迷失方向，表现出了共产党员和劳模的本色。

没有一个健康的身体，便没有一切

　　黄宝妹外出做报告，第一次见到她的人都说，怎么看她，都不像是一个90岁的老人。是的，黄宝妹虽然头发白了不少，但她走路轻快，说话喉咙响亮，记忆清晰，做报告逻辑清晰，条理分明，这都源于她有一个好身体。

她常说，一个人没有一个好的身体，便没有一切。正是明于此理，她平时十分注意自我锻炼和保健。前几年，她每天要快走，现在每天保持在5000步，这是雷打不动要坚持的。每天晨起一杯水，也是必须保证的。她还时常唱歌跳舞，哼上一段戏曲。饮食上以素为主，多吃鱼，品种也多样化，什么都吃，什么都不过量。

好身体的另外一点是保持好心态，她认为人要有幸福感和满足感，要懂得感恩。在外做事，黄宝妹从不把参加各类活动当作负担，而是当作回馈社会、扩大眼界、接触年轻人的好机会。尤其是2019年见到了习近平总书记后，她更是精力充足，感到浑身都是劲。凡是有单位请她作报告，她从不回绝。在社区里，她也是热心人，十分真诚且乐于帮助大家，有口皆碑，物业、邻里间、老劳模中有什么烦心事，大家都愿意找她。

黄宝妹家四代同堂，和睦相处，时常全家出游，饱览美景，尽享天伦之乐，邻里都说她家是个模范家庭。她在18岁那年，由父母包办结婚，夫妻俩相互体谅，恩爱70年。她将媳妇当女儿，关系胜过母女。她说，包容、忍耐和善良是一个老人应该有的品质和修养。一个人连家里都搞不定，怎么在外做事。正是和睦和谐，黄宝妹家庭被评为"上海市五好家庭标兵户"和"全国最美家庭"。

耄耋之年的黄宝妹是幸福的。她身上始终有坚定的信仰，有一股正气，正如她总结的那样：以德为先心态好；助人为乐精神好；以和为先家风好；适度运动身体好。

（作者系新民晚报原主任记者，原载《企业与法》2021年第2期）

附件 11

为人民服务，共产党员不退休

黄尖尖

"七一勋章"获得者，新中国的第一代劳模，也是新时代的党史"主播"

6月29日上午10时，"七一勋章"颁授仪式在人民大会堂隆重举行。90岁的上海纺织女工、新中国第一代劳模黄宝妹获得习近平总书记颁授的"七一勋章"。7月1日，黄宝妹在天安门城楼上参加了庆祝中国共产党成立100周年大会，聆听习近平总书记重要讲话，老人十分激动。

"'七一勋章'是党内最高荣誉。我作为一名普通的工人得到这么高的荣誉，感到非常激动、光荣。"黄宝妹说，"我是在党的培养教育下成长起来的，如今我的工作虽然退休了，但共产党员永不退休，我要继续为人民服务，为国家培养下一代接班人。"

6月22日，中共中央组织部组织新党员代表在中国共产党历史展览馆举行入党宣誓活动，黄宝妹作为领誓人带领新党员庄严宣誓。"那天，身后1000多名年轻人齐声宣誓，洪亮的声音在会场里久久回荡，让人心潮澎湃。"

那一刻，黄宝妹仿佛回到1952年的11月，21岁的她与十几名女工，在纺织车的轰鸣声中宣誓加入中国共产党。"入党的时候，我宣誓要为共产主义事业奋斗终身，从那天开始，我一直以党员的标准要求自己，我这一辈子就是为百姓做好事。"

她是纺纱女工，见证了中国近代工业发展的时代变迁。她是全国劳模，用勤奋和努力实现"让全国人民穿上衣裳"的梦想。她是新时代的讲述者，90岁在哔哩哔哩网站上担任"主播"给年轻人讲党史，讲述老一辈人的奋斗故事。

尝过生活的苦，一心报答党

"我们那一代人因为品尝过生活的苦，所以，对共产党领导下的新中国有更深沉的期待，更懂得：只有中国共产党才能让工人掌握自己的命运。"

黄宝妹出生在上海浦东的高东镇麦家宅。1944年，13岁的黄宝妹进入当时日本人经营的裕丰纺织株式会社当童工。"每天早上三点半，头鸡一叫就要起来，乘坐小舢板在天蒙蒙亮的江面上摇啊摇，到江对岸的杨浦停下来，工人们挨个踩着踏板上岸，进入纱厂开始一天的工作。"

那是一段黑暗的童年记忆。黄宝妹被分配在细纱车间做挡车工，从早到晚在机器弄堂里兜来兜去，一天工作12个小时。"眼睛要盯住转动的筒管和锭子，一看到纱头断了，必须马上捻接起来。"车间里一排排细纱机轰隆作响，纱锭一刻不停地转动，棉絮在车间里纷飞。

"'拿摩温'工头可不顾工人死活。我一个人要管270个锭子，有时断头多了来不及接，纱线把手指勒出了血，但只要手脚慢一点就要遭到毒打。"车间里没有通风设备，空气浑浊，夏天热得像火炉。细纱车间的女工们整天围绕纱锭转，装上空的，取下满的，日复一日，年复一年。

1949年5月，上海解放，黄浦江畔响起了"解放区的天是明朗的天，解放区的人民好喜欢"的歌声，黄宝妹和工友姐妹们一起手拿小红旗，跑到马路上迎接解放军。"几天以后，军代表来厂里宣传共产党的政策，宣布废除'拿摩温'和抄身制。工人们自己推选班长，大家翻身成了工厂的主人。"

那一年，黄宝妹18岁，她深切感受到共产党带来的变化，也是从那时起，她开始了解到什么是共产主义事业。1952年的五四青年节，黄宝妹加入了中国共青团，同年11月，她成为一名光荣的共产党员。

成为全国劳模，守住"小心愿"

上海解放后，怀着对新时代的信任和对共产党的感激之情，黄宝妹把满腔热情投入积极的生产劳动中。"新中国成立以后我拼命地干活，就是为了报答党，报答祖国。"

在上海国棉十七厂细纱车间的女工中，黄宝妹是皮辊花出得最少的。皮辊花是粗纱进行细纺时，由于纱线断头而卷绕在皮辊上造成浪费的棉纤维。"一两皮辊花等于三碗白米饭，少出皮辊花就能为国家节省资源，所以，我想尽办法降低成本。"

黄宝妹纺的"23支纱"，皮辊花率只有0.3%，背后的"窍门"在于她发明的一种"单向巡回，双面照顾"的巡回路线，从一个人看400锭改为3个人各看800个锭子，双面兼顾；从人在机器弄堂里"兜圈子"改为巡回不走回头路。"用这种方法，工人可以三班倒，节省了人力，而机器则24小时运转，生产效率大大提升。"

黄宝妹在厂里出名了，人人都说黄宝妹是"肚皮里有钟，手里有磅秤"。1953年，全国总工会第一次评选全国劳动模范，22岁的黄宝妹以一人可照看800个纱锭的全厂最快纪录，从全上海30多万名纺纱工人里脱颖而出，成为新中国第一代劳模。

评上劳模后的黄宝妹坐了七天七夜的火车去北京开会。"途中我看到许多农民在田地里光着膀子干活，没衣服穿，皮肤晒得通红，身上乌漆墨黑。当时我心里就有一个小心愿——作为纺织工人，我们一定要让全国人民都穿上衣裳。"

那一趟旅程对黄宝妹的触动很大，回到上海以后，她虚心向行业技术标兵学习，带领工人姐妹一起进步。她曾先后七次被评为上海市、纺织工业部和全国劳动模范，八次受到了毛泽东、周恩来等老一辈党和国家领导人的接见。她管理的三纺细纱车间被评为上海市劳模集体，她所在的国棉十七厂向全国贡献了大量优质棉布。

1958年，著名导演谢晋根据其事迹拍摄了同名电影《黄宝妹》，并由她自己担任主演，成为那个年代的"明星偶像"。"在那以后，曾经有人建议我去当电影演员，这样以后就不用再在细纱车弄堂里苦干流汗，但我从未考虑过。"

26岁那年，组织任命黄宝妹当干部，可她才做了几天，便说"浑身不舒服"要求回到车间。黄宝妹总是说："我就是一名普通的纺织女工，为人民服务才是我的一生事业。"

"我们党员也有'包袱'"

几十年前，黄宝妹一家住在位于贵阳路上的棚户区，家中只有一个灶间和一个角楼，没有一件像样的家具。1956年前后，厂里曾给她分配了一间宿舍。"后来，有一次上海发生龙卷风，许多工人的房子被风卷走了，无家可归，我就主动提出把宿舍让给他们，我自己一家又重新搬回到棚户区。"

1987年1月，黄宝妹从十七棉退休，离开工作了42年的纺织车间后，黄宝妹又被"借调"到江苏启东协助开办聚南棉纺厂。

那时棉纺原料和机器设备异常紧俏，她便利用自己的工作经验和社会关系，上北京、青岛、武汉，没日没夜地奔走。"当时我只拿每个月100元的工资，丈夫陪着我四处去采购，出租车舍不得坐，旅馆舍不得住，每天住在招待所，到哪里都是坐公交车，终于为厂里配齐了5000台纱锭。"

后来，新疆生产建设兵团又来邀请她到石河子市协助筹建棉纺厂，黄宝妹多次出入新疆，从厂房设计到设备购买、从人员挑选到技术培训，事事亲力亲为。有人问黄宝妹："您既不占股又不领工资，为什么要那么辛苦？退休了享享清福就算了。"但黄宝妹总是这样回答："党员是不退休的。"

2006年回归社区以后,她又成了"爱管闲事的黄宝妹"。隔壁小区的居民和邻居因为安装空调产生矛盾,要请黄宝妹去现场当"老娘舅";小区业委会三年都建不起来,她到处帮忙劝说居民积极参与家园建设,让业委会顺利成立;2020年疫情期间,黄宝妹组织小区居民为"城市守护者"送关怀,年近九旬仍四处奔走……社区里的居民都知道,谁有困难来找黄宝妹,她都会尽力帮忙解决。

"现在年轻人常说'偶像包袱',我们共产党员也有'包袱'。"一辈子做好事,一辈子以劳模、党员的标准要求自己,这就是黄宝妹所说的"党员包袱"。

2019年11月2日,习近平总书记考察杨浦滨江,同黄宝妹亲切交谈。"总书记鼓励我多向年轻人讲一讲。"黄宝妹说,党和国家交给她的任务,她时刻铭记。

从上海市"百老德育讲师团",到杨浦区"金色夕阳"老干部正能量工作室等,都有黄宝妹的身影。她走进杨浦区控江路街道的德育课堂,听过黄宝妹讲座的观众说:"黄奶奶的人生故事就像是一本鲜活的书。"最近,一头银发的黄宝妹还在哔哩哔哩网站的"老杨树宣讲汇"直播间当起了"网红主播",给年轻人讲述党和国家走过的峥嵘岁月、老一辈共产党人的奋斗故事。

作为国家发展的见证者、参与者、奉献者,黄宝妹用自己的人生经历感染了一代又一代人前行。"我虽然老了,但我还可以发动大家一起,努力为国家和社会再作一点贡献。"

(原载《解放日报》2021年7月3日)

附件 12

"七一勋章"获得者黄宝妹：
为人民服务，党员是不退休的

刘力源

人物小传

黄宝妹，1931年12月生，1952年11月入党，上海人，原上海第十七棉纺织厂工会副主席，党的八大代表。新中国纺织工人的优秀代表，国家发展的见证者、参与者、奉献者。为实现"全国人民穿好衣"的梦想，勤勤恳恳干了一辈子，在平凡岗位上干出了不平凡的业绩。退休后坚持发光发热，参与棉纺厂建设，积极服务居民群众，和其他人一起创办上海市百老德育讲师团，直播宣讲劳模精神、宣讲党的优良传统。两次荣获"全国劳动模范"称号。

7月1日上午，庆祝中国共产党成立100周年大会在北京天安门广场隆重举行。这是黄宝妹第一次登上天安门城楼参加观礼。红金两色相间的"七一勋章"在她所穿的黑色正装前格外醒目，与胸前佩戴的党员徽章交相辉映。那是6月29日习近平总书记亲自颁授给她的，代表着党内最高荣誉。

黄宝妹获悉自己获得了"七一勋章"的提名很激动。她一辈子获奖无数，光"劳动模范"称号就有不少，但过去的奖都是劳动领域的，没想到在这个年纪还能获得"七一勋章"。老党员得到了组织的肯定，眼角眉梢都是喜悦。"虽然很激动，但我也知道这个荣誉是大家的。我要更加做好现在能做的，回报党恩"。

90岁的黄宝妹党龄有近70年，刚入党时还是车间里20岁出头的纺织女工。白驹过隙，新中国一步步走到今天，她也从第一批劳模变成在哔哩哔哩网站广受欢迎的"故事奶奶"。

党的百年之路，她参与过、奉献过。

从旧社会童工到新中国劳模，她是改天换地的见证者

这两年，黄宝妹总会因为各种原因到杨浦滨江走一走。作为中国近代工业的发祥地之一，5.5公里的杨浦滨江岸线过去集中着各式各样的工业厂房，如今放眼望去，整条岸线被打通，老厂房成了咖啡馆、博物馆……"工业锈带"变成"生活秀带""艺术秀带"。

这里，黄宝妹再熟悉不过。如今已是潮流聚集地的上海国际时尚中心，其前身止是她工作了42年的棉纺厂。13岁时，为了让家里人能填饱肚子，黄宝妹进入日资裕丰纱厂当童工。那时，她凌晨三四点钟就要起床，坐着小舢板过江到杨树浦路上班，"小舢板在天蒙蒙亮的江面上摇啊摇，到发电厂与纺纱厂中间的马路边上停下来，工人们挨个踩着跳板上岸"。

到纱厂做童工实属无奈。她出生于浦东高东镇一户穷苦人家，母亲生了9个孩子，在那个吃不饱穿不暖的旧社会，只有3个孩子活了下来。

在纱厂，黄宝妹被分在细纱车间——这是纺织生产上最重要的岗位。每天，被搜身后才能站在纺纱机前照看纱线，终日不见阳光，腰酸腿疼不说，手指也常被勒出血。尽管是个13岁的孩子，但黄宝妹没得到任何怜惜，每天12小时在机器"弄堂"里跑来跑去，一旦看到纱头断了，必须马上捻起来接上，否则要遭到"拿摩温"（工头）的打骂。工厂里没有食堂，黄宝妹从家里带饭菜，夏天就算馊了也要吃下去。夏衍在报告文学《包身工》中描写的黑暗场景，真实地发生在黄宝妹身上。

"苦难不能忘。不记得过去的苦，怎能体会今天的甜！"童年的遭遇，使黄宝妹对中国共产党和新中国的感恩比任何人都深。"感恩"与"回报"成为她人生的两个关键词。如她所说："我就是党教育培养出来的，没有共产党就没有我的今天，所以，新中国成立后我要拼命干。"

1949年5月，上海解放，黄宝妹和工友们跑到马路上庆祝。"共产党

来了，一切都不一样了。"工厂还是那个工厂，但是"拿摩温"没有了，搜身制度取消了。工人们自己选出管理员，厂子里也开出食堂，还隔三差五举办读书会。

黄宝妹仍记得当年军代表到厂里来讲的那番话："现在我们解放了，大家成了工厂主人。我们不但要破坏一个旧世界，而且要建设一个新中国。"她一下开了窍，"要做共产党的好工人，以主人翁的态度努力搞好生产，使国家强大起来"。从那时起，她开始对加入中国共产党有了向往。1952年11月，在机器轰鸣的车间里，黄宝妹成为一名光荣的共产党员。"从那时起，我的一生就是践行党交给我的使命，为人民服务。"

回忆往事，新中国带给这个穷苦出身的"黄毛丫头"许多第一次——第一次到大学读书、第一次去北京、第一次当劳动模范、第一次见到毛主席、第一次代表青年工人出国访问、第一次代表工人参加全国党代会。她还记得作为工人代表，坐在中国共产党第八次全国代表大会的会场里，讨论全党大事，感到肩头忽然就重了，那是沉甸甸的责任。

回望过去，已到鲐背之年的黄宝妹心生感慨："一个原本一穷二白的国家如今建设得这样好；从4亿人到14亿人，人人可以生活得这样好。这非常不容易，但中国共产党做到了。我们是非常幸运和幸福的。"

让全国人民有衣穿，她是新中国建设的参与者

1958年，一部以青年女工为主角的电影热映，那是由谢晋执导的《黄宝妹》，其中有这样一段话："神话里最会纺纱织布的是七仙女，但仙女是不存在的，真正的仙女是我们的纺织女工。"这描述的正是在电影中本色出演自己的上海纺织行业杰出带头人——黄宝妹。

起初，电影剧本编写人员很头疼，因为黄宝妹的材料太平淡，没有什么戏剧冲突。她只是日复一日地在细纱机上劳动，没发生过什么气壮山河、惊天动地的故事。但这些平凡事，真正做到却不简单。电影上映后，打动了一代人。

新中国成立之初，百废待兴，必须大力发展生产。黄宝妹怀着对党

的感激之心，以满腔热情投入到生产劳动中。心中有信仰，脚下有力量。全厂细纱车间的挡车女工中，数黄宝妹的"皮辊花"（皮辊花，是对粗纱进行细纺时，纱线因断头卷绕在皮辊上浪费掉的棉纤维）出得最少，她纺的23支纱，皮辊花只有0.307%。

"一两白花的价格等于三碗白米饭"，黄宝妹牢记少出一两皮辊花，就可以多纺一两棉纱。每天走进车间，她的脑子就在盘算如何减少断头，逐渐探索出一套"单线巡回、双面照顾、不走回头路"的先进操作法，工人不需要在机器"弄堂"里兜圈子，看台能力从一个人看400个纱锭扩大到800个，大大提高了生产效率。

1953年，22岁的黄宝妹以一个人照看800个纱锭的全厂最高纪录，从上海30多万名纺纱工人中脱颖而出，成为新中国第一代劳动模范，先后八次受到毛泽东、周恩来、宋庆龄等老一辈党和国家领导人的亲切接见。她还记得，一次去北京领奖，火车坐了七天七夜，沿途她看到农民光着膀子在田里干活，皮肤晒得通红，便暗下决心：多纺纱，要让全国人民有衣穿——这是一个花样年华的纺织女工最朴素的梦想。1955年，正在上海视察的毛主席亲切接见了黄宝妹。"毛主席让人搬来一张椅子，让我在他身边坐下，笑着对我说，纺织工人很光荣，让全国人民有衣穿，责任很重大"，毛主席一席话黄宝妹至今仍记得清清楚楚。

黄宝妹注意学习先进人物的经验，也从不吝啬将自己的诀窍分享给车间里的其他姐妹，她管理的三纺细纱车间被评为上海市劳模集体，所在的国棉十七厂曾向新中国贡献了大量优质棉布。"以前每次看到一艘艘大船运着棉花来，又运着布离开，就仿佛看到我们的纱布化为衣服穿在了全国人民身上"，多年后站在黄浦江岸边，黄宝妹这样回忆道。

黄宝妹离不开车间。26岁那年，党组织任命她当了干部，几天下来，她便"浑身不舒服"，一有时间就往车间里跑。后来她郑重提出要回车间工作："我是普通女工，纺织业才是我大有作为的本行当。"回到车间的她如鱼得水，干劲十足，一直到1987年1月光荣退休。在这间工厂，她工作了整整42年，其间曾先后七次被评为上海市、纺织工业部和全国劳动模范，三次出席国际会议。

退休后，新疆生产建设兵团又慕名邀请她到石河子协助当地筹建棉纺厂。她多次远赴新疆，从厂房设计到设备购买，从人员挑选到技术培训，兢兢业业，任劳任怨。有人问："你既不占股份又不领工资，那么辛苦干吗？退休了，享享清福算了。"黄宝妹答："党员是不退休的，如果我们党员都能奋斗终身，国家能不繁荣富强吗？"

干了多少工作，黄宝妹自己也记不清了。她只是说："改革开放给人们提供了前所未有的发展机遇，我想不失时机地干一番事业。为企业做点事情，也是我应尽的责任。"

回报社会弘扬精神，她是奉献者也是传播者

"从22岁到现在，我一直以党员、劳模的标准要求自己，为百姓做好事。""党员是为人民服务，国家困难的时候就要拼命干，群众有需要我房子都可以让掉。"语言虽质朴，却道出了黄宝妹的心声。

新中国成立后，黄宝妹一家从浦东搬到了杨浦，一家七口住在贵阳路上一间拼凑搭建的简屋里。1956年前后，组织上曾给她安排了两间宽敞明亮的宿舍，刚住了半年，上海突发一场龙卷风，许多工友的房子都遭到了损坏。正在北京参会的黄宝妹听闻此事，回到上海就主动提出将房子让给其他工人住，她自己一家又搬回到了原先的简屋居住。

时光流逝，青年劳模黄宝妹变成了大家口中的"黄妈妈"。热心的"黄妈妈"一如既往保持着青年时代的蓬勃和干劲。1994年，在上海市劳模协会帮助下，她牵头20多位离退休劳模集资成立了上海英豪科技实业公司，自己任董事长、总经理。她在公司成立之初就约定，企业不分红，把利润拿出来帮助有困难的老劳模。英豪科技公司被大家亲切地称作"劳模公司"。

"发光并非是太阳的专利，只要努力加上智慧，你也可以发光的。"2006年回归社区后，黄宝妹的日子依然丰富多彩，她参加社区活动、当志愿者。很多居民因工作忙、怕麻烦，小区业委会历经三年还建不起来，黄宝妹看在眼里、急在心里，她挨家挨户做工作，"小区也是家，居委会干部只有几个人，不靠大家怎么行？"就像年轻时说服工厂姐妹们

一样，她耐心劝说社区居民积极参与家园建设。在黄宝妹的奔走努力下，小区业委会终于成立了。

如今变成"黄奶奶"的黄宝妹积极找到了新身份。上海市百老德育讲师团成立后，她和其他讲师团成员一起，以"要使红旗飘万代，重在教育下一代"为理念，二十余年如一日，为数百万人次青少年义务举办德育讲座。

2016年，杨浦区"金色夕阳"老干部正能量工作室成立，黄宝妹又第一时间报名加入。"青年人是国家的接班人。只有年轻人都聆听党史、学习党史、传承党史，才能更好地发动群众一齐为党作贡献"，但如何让更多青年静下心来倾听并从中获益？黄宝妹动足了脑筋。她在青年中讲自己过去的故事，宣扬学习精神、爱岗精神，"只要热爱肯定做得好。我过去家里穷，没怎么念过书，20世纪60年代去读大学，一开始跟不上，但我有决心做好，别人学一遍，我就学三遍，别人睡觉，我就做功课。我这么差的基础也拿到了大专文凭，所以有决心有恒心一定能做好"。

听过黄宝妹讲座的人都说她是最生动、最可信的"教材"："黄奶奶的人生故事和道德风采，就是一本鲜活的书。在她身上，爱国主义不再是抽象空洞的，而是可触摸、可感悟的。"

2019年11月2日，习近平总书记考察杨浦滨江，同黄宝妹亲切交谈，并称赞她是国家发展的见证者、参与者、奉献者，鼓励她多向年轻人讲一讲，坚定他们对中国特色社会主义的道路自信、理论自信、制度自信、文化自信。黄宝妹备受鼓舞："我虽然老了，但可以发动大家一起努力，为社会再作一点贡献。只要我还能走得动，我就要讲好党的故事、革命的故事、英雄的故事，让红色基因、革命薪火代代传承！"

2020年，黄宝妹在哔哩哔哩网站"老杨树宣讲汇"直播间当起了主播，听她讲故事的年轻人更多了。她讲起党课来中气足、语速快，语气中透露着坚定。她一再对年轻人说："我们不能忘本，要饮水思源""说到底，幸福不是索取，而是奉献"。她的现身说法，感动了一批又一批年轻人。

附件 13

在平凡之中彰显精神之力

柴俊勇

在庆祝中国共产党成立 100 周年之际，党中央为 29 位为党和人民作出杰出贡献的共产党人授予党内最高荣誉"七一勋章"。"七一勋章"获得者中，有的在枪林弹雨中九死一生，有的在三尺讲台上甘守清贫，还有的为了党的事业深藏功名。他们来自各行各业，奋战在街头巷尾，想的是如何为大众谋福利，思的是怎样为人民谋幸福。一个人在自己的人生中将一件平凡的事做到极致，本身就是一种令人佩服的壮举，如果这种平凡的坚守是为了更多的人的幸福的话，那么这种举动就是对"英雄"最好的阐释。

29 位"七一勋章"获得者中有一位是我们上海原国棉十七厂的纺织女工黄宝妹，《企业与法》杂志总编俞妙根与黄宝妹相识多年，总感到她是于平凡处见精神。2021 年 4 月，杂志第二期刊登了对黄宝妹的专访，市委组织部、中央组织部同志来上海访问她时，黄宝妹专门将这份杂志送给了他们。黄宝妹是一位普通的纺织女工，因技术革新被评为全国劳动模范。20 世纪 50 年代初，毛主席到上海来视察，由陈毅市长陪同在中苏友好大厦召开座谈会，通知黄宝妹参加座谈会，黄宝妹一到会场见到毛主席，非常激动，她一直记着毛主席所说的，"让全国人民有衣穿，责任很重大"。29 位"七一勋章"获得者中，还有一位叫李宏塔，是老团干，我在共青团中央工作时就与他相识，后来他从共青团岗位转到安徽省民政厅。李宏塔乃伟大的马克思主义者、中国共产党创始人——李大钊之孙，李葆华之子。长期担任省民政厅厅长一职，但他从不享受国家关于厅局级干部的有关待遇之规定。他到基层办事，从不坐公家小车，近处骑自行车，远处坐长途汽车。到基层检查工作，从不吃基层的招待饭,均是自己掏腰包简单吃点。他的工资大部分用于帮助穷人,他不住公家分配给他的厅长级的住房,直到退休,还是住在原来几十平方米简陋的住房内。李宏塔一生踏实做事,老实做人,清白做官,被传为佳话,受到人民的拥护。

笔者讲述两位同志行为,就是想说这次被表彰的29位同志都是很普通的,他们几十年如一日兢兢业业,视职业为岗位,干一行爱一行专一行,不求名和利,只求为党争光。"七一勋章"获得者都来自人民、植根人民,都是立足本职、默默奉献的平凡英雄。他们的事迹可学可做,他们的精神可追可及。他们用行动证明,只要坚定理想信念,坚定奋斗意志,坚定恒心韧劲,平常时候看得出来、关键时刻站得出来、危急关头豁得出来,每名党员都能够在民族复兴的伟业中为党和人民建功立业。

新中国成立后,毛泽东同志提出过"人是要有一点精神的"著名观点。改革开放初期,1980年12月25日,邓小平在《贯彻调整方针,保证安定团结》中提出五种革命精神:"发扬革命和拼搏精神,严守纪律和自我牺牲精神,大公无私和先人后己精神,压倒一切敌人、压倒一切困难的精神,坚持革命乐观主义、排除万难去争取胜利的精神。"这个概括很有代表性,提炼了中国共产党人的革命精神和核心元素。习近平总书记指出:"人无精神则不立,国无精神则不强。精神是一个民族赖以生存的灵魂,唯有精神上达到一定的高度,这个民族才能在历史的洪流中屹立不倒、奋勇向前"。毛泽东同志的一生中,曾为四个人题过词:第一个是"救死扶伤中实行革命的人道主义"的白求恩同志;第二个是"生的伟大、死的光荣"的刘胡兰同志;第三个是"为人民服务"的张思德同志;而在新中国成立后,毛泽东同志仅为一人题过词,那就是雷锋同志。2018年9月25~28日,习近平总书记在东北三省考察主持召开深入推进东北振兴座谈会时强调:雷锋是时代的楷模,雷锋精神是永恒的,实现中华民族伟大复兴需要更多时代楷模,我们既要学习雷锋的精神,还要学习雷锋的做法,把崇高理想信念和道德品质转化为具体行动,体现在平凡的工作生活中,作出自己应有的贡献,把雷锋精神代代传承下去。

1945年4月23日,在中国共产党第七次全国代表大会的开幕词里,毛泽东同志向全党号召："我们应该谦虚、谨慎、戒骄、戒躁，全心全意地为中国人民服务。"在庆祝中国共产党成立100周年大会上，习近平总书记强调，全体中国共产党员：党中央号召你们，牢记初心使命，坚定理想信念，践行党的宗旨，永远保持同人民群众的血肉联系，始终同人民想在一起、干在一起，风雨同舟、同甘共苦，继续为实现人民对美好生活的向往不懈努力，努力为党和人民争取更大光荣！这是向全国人民、向世界各国人民宣告，为人民服务的精神一直是全体中国共产党党员行为规范的要求，体现中国共产党的根本宗旨。为人民服务的精神是中国共产党革命精神的组成部分。

1939年12月21日，毛泽东同志在《纪念白求恩》一文中说："我们大家要学习他毫无自私自利之心的精神"，从这一点出发就可以变为有益于人民的人，一个人能力有大小，但只要有这点精神，就是一个高尚的人，一个纯粹的人，一个脱离了低级趣味的人，一个有道德的人，一个有益于人民的人。毛泽东同志曾说过，一个人做一件好事并不难，难的是一辈子做好事。这29位"七一勋章"获得者都是一辈子有益于人民的人。

每一位共产党员要有强烈的事业心和高度的责任感，公正廉洁，兢兢业业，对党极端负责，对人民极端负责。正确对待自己，正确对待同志，正确对待组织，正确对待群众。多学习、少应酬、多奉献、少计较，努力做一个高尚的人，一个纯粹的人，一个脱离了低级趣味的人，一个有道德的人，一个有益于人民的人。要有高尚的道德情操，愿意为集体利益而牺牲个人利益，把人民群众的利益放在首位，而不是把个人利益放在首位，不斤斤计较，大度有修养。

于平凡中见伟大，于细微处见精神。这凸显的恰恰是其宝贵的价值取向和高尚的精神追求——对党和人民无限忠诚的精神，为了党的事业扎根基层，忠实践行党全心全意为人民服务的根本宗旨，把党的温暖送到每一个群众的心坎上，用热血和青春为党旗增光添彩；求真务实的精神，时时处处从实际出发、从群众的愿望和需求出发，老老实实做人、踏踏实实做事，不摆花架子、不说空话，让群众得到实实在在的好处；无私奉献的精神，不怕环境恶劣、工作艰苦，不惧生活简陋、疾病缠身，不怨出不了显赫的政绩、铺不了升迁的坦途，默默无闻、不计得失、无怨无悔地付出……

推动经济发展，保护生态环境，促进社会和谐，需要千千万万个像这样忠于党和人民、脚踏实地、埋头苦干、爱岗敬业的共产党员，需要他们甘当基石、乐于奉献，有一分热、发一分光，把有限的生命投入到无限的为人民服务中去，从而赢得民心、凝聚人心，团结一切可以团结的力量，为创造幸福生活而共同努力，为实现中国梦而不懈奋斗。

甘于平凡，是件很不容易的事情。没有惊天动地的事迹，没有跌宕曲折的传奇，却在平凡的岗位上成就了不平凡的人生，以无怨无悔的坚守和付出感动了千万人。

人们仰视伟大，崇敬伟大，可有时很难发现伟大，殊不知，平凡中孕育伟大，平凡中更见精神风范。我时常一觉醒来，走上街头，会想起为维持上海这一座超大型城市日常运行而昼夜工作的人们。他们长年累月，奋战在平凡工作中：在基层一线的公安民警，忙碌在急诊室的白衣天使，依然坚守岗位的环卫工人，认真维护轨道交通安全的人们，火车上默默奉献的列车员，保家卫国的边防官兵……他们没有轰轰烈烈、惊天动地的事迹，但他们甘于奉献、不投机取巧、默默坚守在自己的岗位上，赋予了我们城市的安宁、便捷的交通、整洁的环境，保障了国内外旅游的愉悦、购物的快乐、团圆的幸福。他们虽然平凡，但心灵深处充盈的坚守却令我们肃然起敬。

平凡中的坚守最可贵。从"为人民服务"的张思德，到心甘情愿"做人民勤务员"的雷锋，从为国家科研需要，一辈子隐姓埋名，坚守罗布泊52年的林俊德，到神秘失踪17年改名"王京"的王淦昌；从"生也沙丘，死也沙丘，父老生死系"的焦裕禄，到恪守"振兴中华，乃我辈之责"的黄大年……他们之所以被祖国和人民铭记，是因为每个人都立足本职岗位，几十年如一日，用坚守和执着书写了平凡而不平庸的人生华章。

平凡中的奉献最幸福。生命的长短以时间计，生命的价值则以奉献计。平凡岗位中的奉献，乃是"有一颗做永不生锈的螺丝钉的心，有了这颗心就会'痛并快乐着',再怎么艰苦也是美的,再怎么付出也是甜的,就不会患得患失。"从一定意义上讲,用责任和爱心守护着一方人民健康的白衣天使是幸福的,为美化环境、方便百姓出行而默默无闻地付出辛勤劳动的环卫工人是幸福的,在祖国边防站岗执勤、保家卫国的边防官兵也是幸福的……"伟大出自平凡,把每一项平凡工作做好就是不平凡。"我们大多数人都是平凡的人,但绝不是碌碌无为的人。正如萨迦格所言"火把虽然下垂,火舌却一直向上燃烧"一样,哪怕再平凡的人也应为其所生活的世界奋斗,只有更多的人愿意在平凡中追求非凡,我们的国家和民族才能闯过复兴路上的风风雨雨。

平凡中的造就最伟大。把每一项平凡工作做好就是不平凡,把每一项小事做好就是大事业。用"拓荒牛、老黄牛、孺子牛"精神激励自己,时刻发挥共产党员的先锋模范作用。无论耕耘在哪个领域,都兢兢业业、忘我奋斗。我们的职业或许不同,岗位或许有别,但只要勇于坚守,甘于奉献,每一份平凡的工作,都能创造不平凡的社会价值,每一位平凡的人,都能书写不平凡的人生华章。先进模范人物总是默默付出,坚守岗位,将自己的工作做到最好,他们用最平凡的行动感动了无数人。可以说,从这些人物身上,我们看到了个人品德的崇高魅力,也引导着我们致敬榜样,靠近榜样回溯历史,中华民族从"站起来"到"富起来",再到"强起来",这一个个的伟大飞跃,离不开这些先进模范人物为"中国力量"不断注入新的能量,在他们手中"中国名片"不断被擦亮,更让"中国精神"在新时代里越发光亮。

正如高尔基所言:"天才是由于对事业的热爱而发展起来的,简直可以说,天才就其本质而论只不过是对事业、对工作过程的热爱而已。"爱事业的人会把工作当作快乐、当作幸福,会保持一股积极进取的干劲、一种拼命奋斗的热情,想方设法把工作做好、做到极致。一个人无论身处什么岗位,只要在岗一天,就应当踏踏实实、尽职尽责地干好分内工作,正所谓"在其位,谋其政"。

实践再一次证明,只要奋斗,就没有翻不过的山、跨不过的坎坷。今天我们赞美在平凡中做出不平凡业绩的人,同时,更要行动起来,要争当"实干家",敢做"行动派",以"绝知此事要躬行"的干劲踔厉奋发、汇聚伟力,为前进的中国增添无穷的动力。

正如美国黑人领袖马丁·路德·金所说:"如果一个人是清洁工,那么他就应该像米开朗基罗绘画,像贝多芬谱曲,像莎士比亚写诗那样,以同样的心情打扫街道。他的工作如此出色,以至于天空和大地的居民都会对他注目赞美:瞧,这儿有一位伟大的清洁工,他的活儿干得真是无与伦比!"工作岗位没有高低之分,没有贵贱之别。每一项工作都值得我们去做,值得我们用心去做。只要我们勤勤恳恳、尽职尽责、精益求精,都会做出不平凡的成绩。

马克思曾说:"历史承认那些为共同目标劳动因而自己变得高尚的人是伟大人物;经验赞美那些为大多数人带来幸福的人是最幸福的人。"时代的呼唤,是英雄诞生的催化剂。我们每一个新时代的建设者,都需要牢牢把握时代赋予我们的使命和任务,在自己的岗位上不懈奋斗和努力,积极开拓和进取,以"我将无我,不负人民"的高尚情怀,百折不挠的崇高信仰,做出无愧于党、无愧于人民、无愧于时代的业绩,在各个方面展现出共产党人应有的英雄模样。

"宝剑锋从磨砺出,梅花香自苦寒来。"人类的美好理想,都不可能唾手可得,都离不开筚路蓝缕手胼足胝的艰苦奋斗。目标在前,使命在肩,让我们以"七一勋章"获得者榜样精神焕发初心不改、信仰弥坚的政治品格,抖擞"为国分忧,艰苦创业"的奋斗精神,张扬心间的家国情怀,凝聚磅礴力量,坚定圆梦信心,努力创造属于新时代的光辉业绩。

(作者系上海市人民政府原副秘书长、国家行政学院兼职教授)
(原载《企业与法》2021年第4期)

图书在版编目（CIP）数据

踏遍青山人未老："七一勋章"获得者、全国劳动模范黄宝妹 / 朱金大，韩兆云主编 .—上海：东华大学出版社，2023.3
 ISBN 978-7-5669-2171-0

Ⅰ.① 踏… Ⅱ.① 朱… ② 韩… Ⅲ.① 黄宝妹—先进事迹 Ⅳ.① K828.1

中国国家版本馆 CIP 数据核字（2023）第 012679 号

责任编辑：周德红
装帧设计：上海三联读者服务合作公司

踏遍青山人未老
——"七一勋章"获得者、全国劳动模范黄宝妹

TA BIAN QING SHAN REN WEI LAO：QI YI XUN ZHANG HUODEZHE、
QUANGUO LAODONG MOFAN HUANGBAOMEI

出　版：东华大学出版社（上海市延安西路1882号，邮政编码：200051）
本 社 网 址：dhupress.dhu.edu.cn
天猫旗舰店：http://dhdx.tmall.com
营 销 中 心：021-62193056　62373056　62379558
印　刷：上海当纳利印刷有限公司
开　本：710mm×1000mm　1/16
印　张：11.75
字　数：180千字
版　次：2023年3月第1版
印　次：2023年3月第1次印刷
书　号：ISBN 978-7-5669-2171-0
定　价：78.00元